U0018609

哲學家的

佛學筆記

冀劍制・著

下篇：離苦得樂的「修行」

尾聲絮語

前言

最近看了一部日劇《空中急診英雄》,在第二季有個劇情,男主角在知道母親多年前的死因之後,和奶奶約好要在祭日當天一起去祭拜,並且想在墓前說出一件很重要的決定。到了當天,急診室湧進大量病患,以致於無法完成這個約定。那麼,男主角該以什麼樣的心情來面對呢?

在劇情中,當女主角來安慰他時,他一副根本沒差的態度說,「哪一天都一樣,沒有一定要在祭日當天去。」簡單的說,這件事一點都沒干擾他。不抱怨醫院的工作,不抱怨為何運氣差,不覺得自己很可憐。甚至根本也沒想過逃避工作讓同事增加工作負擔。只是很簡單的轉個念,「隔天再去就好了。」

然而,既然哪一天都一樣,何不一開始就隨便找個假日就好,還可盡快完成這件事情,何必特別選在祭日當天?理由很簡單,原本並不是哪一天都好,選在祭日具有很重要的象徵意義,就像過生日當然就是要在生日當天才有意思。不是生日當天辦生

日不是很奇怪嗎？

但是，如果當天實在不行，就不用勉強了。想像這是一種緣分，緣分到哪就到哪。是因為選定的日子不行，才採用了哪一天都一樣的心態。如果無法在生日當天慶祝，就另外找個日子，接受「哪一天都沒差」的觀念，或甚至想像那一天就是生日也可以。雖不完美，也還差強人意。這種處事態度，就是轉念。轉個念，便海闊天空。只要針對大多數在意的事情都能有這樣的智慧，以及內心揮灑的自由，自然能夠避免很多不必要的痛苦，並獲得許多額外的生活樂趣。

不執著的智慧與自由

這也是佛學裡很強調的「不執著」。可以不執著的智慧，以及自由。平時沒有問題的時候，就依循習慣處事，遇到問題時便放下原本的觀念，轉個念，找一個更適合當下的處事方式，煩惱自然就少了。

然而，生活中許多觀念很難放下，而且不同人的不同成長背景，以及不同觀念的放下難度都不盡相同。而且，還有些觀念很根深蒂固，甚至看見執著本身都很難，更別說要放下了。例如，「我執」──對於「我」這個觀念的執著。連看見都不容易。

因為困難，所以需要學習、修行。學成後，便能在適當時機，

放下執著，「離苦得樂」。這是佛學的主要目標。

我與佛學的接觸

　　我接觸佛學的時間可以說相當久了，最早的時候，大概是在剛讀五專時。當時很愛讀書，而且閱讀速度很快，感興趣的內容也很廣，便在短時間內吸收各式各樣的課外知識。由於我喜歡在書上畫線寫字，所以不太借書，大多書籍都是買來的。但零用錢不足以滿足我買書的欲望，後來發現廟裡很多免費的善書，就開始閱讀那些書籍，幾乎找得到的都看完了，這是我和佛學的初次邂逅。不過當時那些善書大多屬於比較宗教性的神蹟故事，或是看不太懂的佛學經典，所以只能算是很淺的接觸。

　　在大學就讀哲學系時，除了課程之外，當時和許多對佛學很感興趣的同學交情還不錯，在心得交流中，獲益不少。但並沒有深入研究。

　　直到我寫博士論文時，由於我的研究主題是意識問題，雖然屬於西方哲學，但佛學在此有很多深入的研究，所以當時讀了不少關於佛學的意識理論。但這些大多屬於英文的二手資料，而且是以比較偏向西方哲學式的方式撰寫。

　　回臺任教後，像是命運的指引，來到佛學鼎盛的華梵大學，有更多接觸佛學的機會，一直希望能好好找個時間深入學習。然

而，佛學專有名詞一直是自學過程中的障礙。而且也發現許多想學佛的人都有這層障礙。由於我個人在長時期分析哲學訓練中，鍛鍊出相當不錯的理解力與表達力，剛好可以用來理解佛學的精義，以及用簡單的日常語言把它表達出來。於是，我便把這件事情當作是我的使命，發心完成一本好讀又能彰顯佛學精要的書籍。但其實抱持這個想法好多年了，都沒去實踐。直到最近，由於接下了佛教學院院長的職務，覺得自己該做點貢獻，才開始積極投入。

在嘗試的過程中，一開始是缺乏信心的，但運氣很好，獲得許多幫助。例如，我和本校東方人文思想研究所莊兵所長一起開了「佛學與哲學的對話」課程，在課中我們探討許多佛學與哲學觀念的比較，在場許多學生也都提供想法與討論，對這本書的寫作有很大的幫助。尤其在佛學領域非常博學的博士生楊健生居士，他目前也是佛陀教育基金會的講師，提供了許多觀念上的釐清與協助。

除了學理之外，我更期待深入了解各種不同的實修經驗。所幸本校師生中有許多非常資深的佛教修行人，可以提供各種不同法門的修行體驗與想法。這些人大多已在各處寺院裡擔任住持或其他重要職務，平時要約見請益都不容易，但由於地利之便，卻可在閒暇之時，隨意而坐，一邊品茶，一邊品味智慧。這些令人喜悅的午後時光，除了有助於完成此書，更有助於我個人的生

命成長，尤其得到許多意料之外的收穫，真是可喜可賀！

學佛應該先懷疑還是先相信？

然而，這本書和一般佛學書還有個很大的不同點。因為我個人並不是把佛學當宗教在信仰，所以嚴格來說也不算是一個佛教徒。探討佛學的動機，是因為感覺裡面有著深刻的智慧。所以，可以說是用哲學的態度在汲取佛學的智慧。

然而，多數佛教徒則是把佛學中的每一字句都當作真理來奉行，不懷疑、甚至也不思考，這是偏向宗教信仰式的學習法。哲學態度則是多問「為什麼？」先懷疑、先思考，覺得合理可信，才去實踐，這是屬於哲學的態度。兩者各有利弊。

當今時代，騙子很多，用各式各樣的方式獲取利益。有偽裝成呆子的金光黨，也有偽裝成法官的詐騙集團，還有偽裝成聖人的政客，當然也有偽裝成宗教大師的神棍。這些人擅長花言巧語，利用人們的刻板印象進行矇騙。貪婪的政客滿嘴仁義道德，說詞符合大眾心目中對聖人的理解，乍看之下比聖人更像聖人。而神棍們了解如何滿足一般信徒的期待，於是裝得比真佛還要更像真佛。所以，如果在未經懷疑與深思的情況下信仰宗教，萬一誤信騙子，不僅修行未果，無法離苦得樂，反而惹來一身禍害。

雖然多數信仰者覺得自己不是盲目信仰，是有思考的，但

其思考方式通常是先相信再去找合理性，這種思考方式總能自圓其說，很難看見問題。

舉例來說，假設師父要我們捐很多錢，說要蓋廟弘法、蓋醫院幫助弱勢病人，這麼做能讓我們銷業障。那麼，我們該如何應對呢？先懷疑的人，會仔細思考這些是否真實，去求證事實真相，如果合理可信，才付諸實踐。如果有可疑之處，例如師父把其中很多錢花在自己身上，就會再深入思考，不輕易放過可疑之處。先相信的人會直接接受師父的話，即使發現師父把很多錢花在自己身上時，也容易套用符合原本信仰的理由，像是「師父讓我供養他來銷我的業障。真是感恩師父！」一找到符合原本信仰的想法，就會自圓其說的接受。在這種思路下，就算被騙也很難發現。這是先相信的壞處。

然而，針對許多很難說清楚的宗教觀念來說，我們有時需要選擇先相信，相信才能堅持，懷疑則有所退縮，反而事倍功半。例如，師父要我們靜坐，如果弟子總是懷疑靜坐的意義，總要辯個清楚才願意去做，那麼，很多修行都無法進行了。這是先懷疑的壞處。

為了調和這兩者，我們可以針對任何信仰，至少先思考一下，對任何想法都先保持一種「有可能錯」的態度。但如果某些像是靜坐這種修行方法，就算是錯的，也有益無害，那就比較不用擔心。不需要非得找到充分可行的理由才付諸實踐。

　　尤其佛學中許多重要知識來自於實踐後的體悟，沒有實踐就沒有體悟，屬於非語言性質的知識，這些是講不明白的。但只要去實踐，就可以從中獲得印證。所以，針對這類事情來說，先相信並且實踐，再經由親身體驗來印證，是比較好的學習方式。這種學習方式是東方思想中較爲強調的「體證」方法。其實這也是佛陀比較認同的方法。

緘默也是一種回答

　　依據《雜阿含經》記載，一位哲學家問佛陀究竟是「有我」或是「無我」時，佛陀選擇了緘默。因爲他知道，那位哲學家只想辯論理論，而不是想要尋求如何破除障礙的方法。也就是說，對佛陀來說，實踐並且獲得解脫的成果才是最重要的，光談理論而不實踐並不具有意義。而且有時還容易迷失在語言的困局裡，壞處更大。

　　然而，這只是強調應以實踐爲本，並不是說不能談理論，談論理論有助於智慧的提升，有些道理需要更多思考，才能走上正確的方向。因爲思考可以協助我們更深刻理解一個觀念，才不容易因爲語言的誤解而誤入歧途。如同一般大衆對聖人的理解、對覺悟者的期待，大多包涵著許多誤解，這導致僞裝者反而更容易擄獲大衆崇拜的目光。多一分深思，就少一分誤解，也就同時

降低誤入歧途的風險。這種多一點理性思考的學習方式就比較偏向西方哲學的論證方法。

流傳下來的佛經並不完全值得信賴

　　一行禪師在《佛陀之心》書裡說，目前流傳下來的佛學經典事實上沒有想像中這麼可靠。雖然佛學經典最初由覺悟者佛陀口述，但就算我們可以完全相信佛陀的智慧，也不表示文字可以確實表達其思想。而且連佛陀自己都表明了有這層障礙，並要求弟子們不要拘泥於語言文字。所以在《大般若經》中，佛陀說：**「我成佛以來未曾說過一個字。」**意思是說，佛陀認為他沒有真正用語言文字說過真正的佛法，這表明了文字與真道的距離其實很遙遠。如果不加思考，誤解了都很難發現。

　　另外，在佛陀最初講道的時候，並沒有書寫成書，而且弟子們也沒立刻做筆記，現今流傳的佛經是依賴弟子以及再傳弟子的記憶，直到佛陀傳道一百年後才用文字記錄。在這一百年內，記憶本身會有問題，重新闡述時如果語言能力不夠好也可能被曲解。尤其如果當時聽到某些觀念並沒有立刻理解，記憶會很困難。而如果某些觀念當下被誤解了，那記得的根本就是錯的。所以，如果不經由思考，完全相信經典的每一個字句的字面意義，以及個人的解讀，這種學習佛學的方式是危險的，在誤入歧途時

也很難即時發現問題。

另外，當我們閱讀的不是最古老的原本時，就更需要注意翻譯所造成的意義偏離了。依據西方哲學家奎因（Willard V. O. Quine，1908 ～ 2000）關於「翻譯的不確定性」的主張來說，完全符合原意的翻譯其實根本上是不可能的。

所以，我們可以把佛教經典當作一門智慧的結晶，由佛陀開頭，並經歷了許多有智慧的高僧大德們共同努力下的產物，但不適合當作完全可以描述真理的神書。

也因為如此，自己去印證以及仔細思考經典內容就變成必要的工作了。針對這個部分，善於解析的西方哲學正好可以幫上大忙。而且，就算佛經在文字的表達上毫無問題，思考也有助於對整個脈絡的通盤了解，以及了解該如何付諸實踐。所以，學習佛學時，先反思再選擇性的相信與實踐，以及在實踐中尋求印證。能印證的，大致上比較沒問題；不能印證的，就再重新反思。這應該是比較妥善的學習方法。

計畫寫這本書的最初源頭

這本書的完成，對我來說，是從哲學此端搭了一座橋跨到佛學彼端。期待未來能在更深入研讀佛學經典，以及獲取更多實修經驗後，分享更多心得。

另外，此書的完成還得感謝啓動文化總編輯趙啓麟先生。因爲多年前的一句話，開啓了這本書的寫作計畫。那一天，我們在臺大新月台咖啡廳裡閒聊。當時聊到一個有趣的話題，「如果已經非常富有，版稅不再提供寫書的動力時，還會想寫書嗎？」我想了想，回答說，「不想寫哲學書了，但會想寫一本佛學書。」那時，他毫不猶豫地說，「好！你寫。我來出版。」當時聽到這句話很感動，可以只考慮理念而不考慮銷售量來寫一本書，眞是一件賞心悅目的事情，於是產生了付諸實現的念頭。雖然，那天之後過了好多年才開始動筆，但那場對話與承諾無疑是完成這本書的關鍵力量。

上篇

離苦得樂的

「思索」

你快樂嗎？你知道如何讓生活有樂趣嗎？你從小是否學過如何活得更開心呢？中、小學教育裡，是否有培養快樂成長的課程？對多數人來說，答案大概都是，No！No！No！No！

雖然社會上許多人並不把快樂當作是人生最重要的目標，但大概沒人認爲快樂不重要。而且，世人普遍以爲，事業有成、功成名就，就是幸福快樂的人生。所以，對自己的期許以及對下一代的教育，大都以此爲目標。但仔細一想就會發現，這是錯的。

由於擠向窄門的競爭容易失敗，於是帶來壓力與痛苦。更糟的是，即使費盡千辛萬苦達標了，才發現幸福快樂並沒有跟著降臨。沒達標的誤以爲痛苦來自失敗，於是鞭策小孩努力「向上」。達標而仍然痛苦的，誤以爲需要更大的成功才行，所以繼續努力。僅有少數人在這整個競賽的氛圍中感到不對勁，開始質疑這一切，懷疑這是一場因集體迷失而產生的騙局，將人騙進錯誤的漩渦中，互相拉扯，越陷越深，還誤以爲這是一場追求幸福的淘汰賽。

這個錯誤，來自於人類短視的天性，即使幾千年來不斷被智者指出，但一樣延續下來。預計未來人類將繼續陷入其中。

其實只要暫時跳脫，冷靜思考，就可以從社會上許多功成名就卻不快樂的人身上發現這個錯誤。再仔細觀察快樂人士，就可以看見快樂並不完全受制於外在條件。任何階層、任何處境

都有快樂的人與不快樂的人。要成爲快樂的人，需要一些本事，也需要一些智慧。眞正的快樂之道，並不是功成名就，而是具備這些本事與智慧。如果可以將此轉化成課程落實在中、小學基礎教育裡，就能讓整個社會跳脫錯誤的漩渦，建立一個更幸福快樂的社會。

　　我猜想，說到這裡，應該很多人可以接受這個觀點。但如果我說，中、小學應該學習哲學，大概還是會有很多人反對，但實際上，哲學確實和這些本事與智慧息息相關。這表示許多人誤解了哲學。另外，如果我說，中、小學應該學習佛學。我猜會有更多人反對，但實際上，佛學就原原本本是在教導如何離苦得樂。這也表示，更多人對佛學有著錯誤理解。

　　佛學的本質並不是吃齋唸佛，也不是出家雲遊，這些只是通往目的地的其中一種方法。佛學有很多學習方法，號稱八萬四千法門，各有適合不同人的不同路線，目的都是通往離苦得樂的終點。簡單的說，佛學就是離苦得樂之學。

 誰需要學佛？

談論佛學，首先來看看佛學的根本目的。這個問題可以從兩個面向來看，第一，學佛的終極目的就是要成佛。所以，想要成佛，那就來學佛。第二，學佛最基本目的則是「離苦得樂」，也就是從煩惱與痛苦中獲得解脫。所以，如果覺得生活不快樂、甚至很痛苦，那也可以來學佛。

不過，所謂的佛，其實就是覺悟者，而覺悟的根本意義，就是發現苦背後的虛假，一旦看清了真實，就從苦中解脫了。所以，我們可以把成佛當作最完全的離苦得樂者，那麼，兩者的差別就只在於離苦得樂的程度不同而已。

誰適合學佛？

佛教創始人佛陀，又稱釋迦牟尼佛。在成道後於鹿野苑初轉法輪（第一次傳授佛法）便開宗明義宣示佛教的基礎「四聖

諦」——苦、集、滅、道。意思就是發現苦、了解苦、克服苦、以及止息苦的根本目的。所以，佛教的起源就是覺得生命很苦，而且想要改變這種狀態，於是展開思考與修行。

　　這和哲學的起源不太一樣，哲學起源於好奇心，想要探索真理、尋找問題的解答，於是展開思考，滿足求知欲。所以如果要問佛學是不是一種哲學，那至少兩者在起源上的目的是不太一樣的。

　　從學佛目的來說，想要離苦得樂的人才需要學佛。如果有人覺得活得很快樂，完全沒有任何煩惱，那不需要學佛。不過，基本上應該沒有這種人。會覺得自己沒有煩惱，除了悟道成佛者之外，大多只是缺乏反思，或是生活麻木而已。

　　另外，如果活得不太快樂，但覺得無所謂，不想改變，那也不用學佛。但這樣的人往往只是因為懶得努力而不想改變，並不是真的安於現狀。而懶惰，會讓一個人的心境越來越下沉，等到想回頭時，大多難以翻身。

　　還有另一種情況，就是活得不快樂，也想改變，但想改變的目標非常明確，而且這種目標跟佛學沒什麼關連，那也不用學佛。

　　例如，有人煩惱錢太少，想要變成有錢人，由於學佛的真正目的並不是變成有錢人，所以，這種情況也不用學佛。其他像是，想要追求知名度、交很多朋友、或甚至有人覺得只要有

貓咪陪伴就好。這類很清楚自己想要什麼（或自以為想要什麼）就足夠的人，都不需要學佛。只要去追求自己想要的東西即可。

當然，這類人也需要好好思考，自己以為最需要的東西，是不是內心真正的需求呢？從佛學的角度來說，這些其實都是虛妄的假象，無法真正滿足內心世界。但如果好好想過後，還是覺得這些東西最重要，那也只能先去追求看看，因為在這種迷失的心境下，就算想法是錯的，硬要追求自己不認同的東西，也是沒用的。

適合學習佛學的人，至少覺得人生是苦的，想要離苦得樂，而且目前不是很清楚該如何達成這樣的目的。那麼，就可以試著接觸佛學，看看佛學是否真能改變些什麼。

然而，想要離苦得樂，市面上可以看到的方法很多，幾乎所有宗教都有這樣的宣稱，而宗教之外也有很多理論，像是幸福學、新時代思想等等。究竟哪一個方法比較好呢？這個問題很難回答，但幸好這不是一個非要回答不可的問題。因為，不同人在不同時候適合不同方法。而且，沒人規定一生只能選擇一項，也沒人規定同一時間只能採用一個，總有些學習方法與內容不相衝突。每個人可以依據自己的喜好，多方接觸，不管是否找到適合的，都可以試試其他的，直到滿意為止。我個人從小到大，大概能試的都試過了。雖然每一次的嘗試，都有新的收穫，但也都會遇到難以克服的瓶頸。就像佛學也說有八萬四千法門，

意思就是很多很多不同的方法可以修行，從哪裡出發最適合，端看這個人目前的狀況，以及身處什麼樣的環境，並沒有一定。而且說不定在不同時候就真的需要不同的方法。

而現在這個時刻，當讀者有緣拿起這本書，閱讀到這裡，或許代表著正是學佛的時機成熟時，因為眼前已開出一條佛學之道。究竟是否真是如此，只有繼續讀下去，才有解答。

這本書嘗試以通俗文字表達深奧思想

然而，學佛並不容易。嘗試學佛的人常常會遇到困難，因為大多數佛經都不易閱讀，幾乎無法自學。去聽人講道，常常也都很難聽得懂，像是「一切皆空」、「無無明亦無無明盡」，這是在說什麼呢？對於聽得懂的，道理大多太過簡單，缺乏深度，而且還不一定有用。例如，「不起分別心就會快樂了」、「多做善事心情自然好」、「放下一切就可以悟道」。這些聽起來都很有道理，但做起來可不容易，要怎樣才能不起分別心？要怎樣才能放下一切？多做善事時雖然會有一些不錯的心情，但有時感覺被人佔便宜卻讓心情更糟，這是自己修養不夠、還是用錯方法呢？

我個人也在嘗試學習佛學中碰到這些障礙，所以期待有一本書，可以盡可能避開晦澀的佛學詞彙，用更清楚的現代語言，

陳述具有深度的佛學智慧。但遲遲等不到。或許目前沒有這樣的書、或許有只是還沒發現、也或許很多只是大多不適合我閱讀。

　　所幸，我身處於佛學鼎盛的環境裡，在華梵大學，四處都是佛學專家，有理論專家，也有資深修行人，隨時可以詢問，用我可以理解的語言，比較我讀過的哲學理論，發現許多深刻的佛學思想可以藉由更清楚的哲學語言來表達，而且有些哲學理論，還可以輔助佛學的解說，讓它更有理論上的說服力。所以，我決定自己來實現這本書。希望對那些和我有類似需求的人有所幫助。

　　由於我具有哲學基礎，已經理解了許多高深的哲學理論，當遇到某些和哲學類似的佛學理論時，雖然這些理論對他人很困難，但對我卻輕而易舉。這種感覺有點像在金庸小說《倚天屠龍記》中，當張無忌學會了九陽神功之後，擁有了很強的內功基礎，這時再去學習各種武術都可輕易上手。這種時候，便可發揮我的哲學專長，直接使用一般用語來重新表達一個高深思想。

　　這也是我在長期解說哲學與撰寫哲普書籍後所鍛鍊出的一種特殊能力，擅於用一般文字解析深奧思維。但是，要讀懂深奧的東西，不能只是像看小說般讀過，還是得認眞思考才行。這是無法避免的。沒有認眞思考，就不可能進入思維深處，也就無法體會有深度的學理。

　　然而，佛學思想和大多數其他哲學思想一樣，有許多不同人的不同詮釋。我也不可能把所有詮釋都寫下來。所以，這本書並不能取代佛學經典，只能算是我的學佛心得供大家參考。對於重要的觀念，如果想要深究，還是必須回到原典上去思索才行。這裡所寫的，是我聽到過的、對我有幫助的、或是我覺得較好的詮釋。如果讀者看了覺得對自己在離苦得樂方面沒幫助，那就捨棄那個觀點。如果覺得有幫助，那就先接受它，未來若聽到更好的說法，那就接受新的說法。畢竟，離苦得樂是最根本的目的。如果學佛學到讓自己更不快樂，那就表示走錯了路、本末倒置了。遇到這種情況，就趕緊回頭吧！

二 人生本苦的悲觀主義

　　試著想一想，自己在每一天中，快樂的時間多還是不快樂
的時間多呢？我猜想，多數人不快樂的時間比較多。但從客觀角
度來說，跟全世界各地比起來，臺灣已經算是很幸福的地方了。
為什麼這樣還不快樂呢？

　　佛學認為，人生基本上就是苦的，至少苦多於樂。就像傳
統俗話所說，「人生不如意事十之八九。」既然不如意的事情這
麼多，當然苦多樂少了。甚至還有人認為，佛學主張「一切皆
苦」，也就是人生中的一切都是苦。

　　這算是一種對人生徹底否定的想法，但許多佛學專家反對
這種看法，認為這是對經典的錯誤解讀。然而，先別管經典到底
怎麼寫、有沒有錯，很明顯的，人生中有各式各樣的快樂，這是
無法否認的事實。所以，至少從字面上來看，「人生皆苦」是錯
的。當然，說不定「人生皆苦」這句話有其他含意。例如，所有
一切都可能是苦的來源，或是所有一切的根本都是苦。這樣說或

許有可能是對的。但這個問題其實並不重要，我們可以暫且先別管這個爭議，反正我們知道人生苦多於樂、或至少有很多苦，這應該是沒問題的。光是這樣，就已具備學佛的充分理由了。

世上最幸福的事情是什麼？

不僅東方有這種悲觀主義的思維，在西方古希臘神話中也有類似記載。有一天，想要追求幸福快樂的弗里吉亞國王米達斯遇見了森林之神，開口便問，「請問世上最幸福的事情是什麼？」森林之神聽了搖搖頭，用同情的眼光看著他，嘆氣地說，「唉！可悲的人類，這種事情還是不要知道的好，但既然問了，我就回答你吧！當你身為人類的當下，就已經失去最幸福的事情了。因為最幸福的事情是根本不要出生。你能追求的，就只是第二幸福的事情，那就是趕快去死。」

這真是典型的悲觀思想。但希望大家別太看重這個說法，許多故事其實只是作者一時想到就寫了，並沒有經過什麼深思熟慮，如果覺得這話聽起來像個笑話，就當作笑話也沒關係。而且感覺上也沒什麼說服力，大概也沒多少人會認同這種說法。

重點不在於古人說了什麼話，因為古人說的並不見得比現代人還要更好，而且從理性上思考，現代人比古人有著更豐富的教育訓練，照理說可以說得更好才對。但古人的話之所以可以流

傳至今，表示它有一定的參考價值。那麼，我們想想這些話可以帶來什麼樣的思考？

從邏輯的合理性來探討，「如果人生真的苦多於樂，而且人生就是要追求最大的快樂，那麼，離開這個人生不就是追求最大的快樂嗎？」所以，仔細想想，這種看似笑話的說法其實還滿有道理的。

但從更嚴謹的邏輯角度來分析，這個推理要能成立，至少還需要兩個預設。第一，「減少痛苦就是追求快樂。」第二，「人生苦多於樂是無法改變的。」

以第一個預設來說，雖然「減少痛苦」是大家都想要的，但減少痛苦並不等於得到幸福快樂。所以，這個推理頂多只能得出，「想要獲得最少的痛苦，就是趕快去死。」由於人們天生確實希望減少痛苦，所以，這樣說也還算有點道理。但這卻和另一個前提，也就是天生想追求幸福快樂的欲望衝突，因為死亡是沒有幸福可言的。

而且，這個推理必須站在不考慮來生的情況下才能成立，如果不把死亡當作是一切的終結，那死亡就不一定能擺脫痛苦了。由於佛學相信輪迴，不認為死亡就是結束，所以，即使只是為了減少痛苦，從佛學的角度來說，「趕快去死」這一招是沒用的。也就是說，「死亡是最少痛苦的選擇」這個主張在佛學上行不通。不過，輪迴算是宗教信仰，非佛教徒未必認同這個觀點。

　　針對第二個預設，「人生苦多於樂無法改變」。佛學卻認為人生的苦是可以超越的。既然可以超越，那麼，人生最幸福的事情就不再是選擇最少痛苦的死亡，而是選擇超越痛苦後獲得的重生的喜悅。而如何超越這些苦，就成了佛學最重要的核心思想了，也是對世人最有價值的部分。所以，對佛學來說，雖然和希臘神話一樣認為人生苦多於樂，但卻不認同森林之神的推理。而佛學的推理則是：「**人生雖苦多於樂，但可以改變。培養止息痛苦、獲得喜悅的能力，就是人生該走的道路。**」這也就是學佛之路。

如何走上學佛之路？

　　所以，學佛的方法相當大的成分是在改變現狀。但並不是去改變生活世界的現狀，而是去改變自己。苦的發生可以從兩個面向來看：外在世界與內在自我。外在世界的某些事件產生了，內在自我感受到苦。例如，經常被討厭的上司無理批評時，感到很痛苦。那麼，去改變外在現狀便可以離苦。像是離職、找人關說、改變上司或是向高層提告。另一方面，則是尋找內心苦的源頭，改變觀念、包容力提升了，外在事件就不再產生干擾。

　　兩者都是解決方法，如果前者可行，就去改變現狀，這沒問題。佛學不會反對。但若前者不可行時，也只能藉由改變自

己去克服苦了。佛學則更重視後者，後者也才是根本解決之道，但顯然並不容易。要改變自我，除了知的層面之外，還需修行實踐才行。

也就是說，在佛陀對苦的探索中，他發現生命中的苦可以透過改變自我來消除。於是把方法寫下來傳於後世，便是所謂的佛學。裡面包含了知的層面，以及行的層面。

佛學強調的改變自我屬於返本還原

但佛學所謂的「改變」自我，和一般的「改變」意義並不相同。舉例來說，如果買了一件長褲回家，發現褲管太長了。那麼，改變長度就可以了。這是一般意義上的改變，在這種意義下的改變自我，就是提升一些原本不具備的能力，然後讓自己更能適應生活。就像有人人際關係不太好，於是導致生活上的苦，那麼就去學習人際關係的技巧，學會後就可以在人際關係方面離苦得樂了。這種學習很好，但並不是佛學最重視的部分。

佛學所重視的改變，其實比較像是還原原本就具備的東西。舉例來說，假設有人吃橘子是從皮開始吃，然後覺得吃橘子是一件苦差事。這時，他只要了解了原來皮不是食物，必須把皮剝開來，就可以離苦得樂地吃橘子了。

佛學認為苦的最根本的問題在於迷失。就像誤以為橘子皮

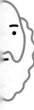

是食物一樣。只要能從迷失中返回真實，就是解脫之道。所以，所謂的改變自我，重點不在於學習如何適應世界，而是如何從迷失之中返本還原。

三 人生苦多於樂是真的嗎？

　　雖然東、西方傳統文化裡都有人生本苦、苦多於樂的想法，但我們可以先來想想，這樣的觀念是對的嗎？就算在古代是對的，會不會在科學文明發展後的今天已經改變了呢？我們可以把這個問題當作是一個哲學問題來思考，「人生本質真的就是苦的嗎？」

　　首先，我們回到佛學思想的發源地，在古印度時代的人類生活，還真的是滿痛苦的。想想每年夏天酷熱的氣候、蝗蟲經常性地帶來飢荒、傳染病肆虐，加上醫學不發達，人們必然痛苦、無助。在這種環境裡生活，苦自然多過樂。所以，會有世間本苦的觀點也滿正常的。而且無論東、西方，大概都有類似的問題，只是嚴重程度的差異。尤其在戰爭時期，這種人生本苦的觀念更容易充斥在整個社會。尤其在二十世紀初的兩次世界大戰期間，人們不僅痛苦、還覺得人生無意義，以致於虛無主義大流行。

　　然而，時代的不同，觀點也會不一樣。尤其對活在文明社

會裡的現代人來說，痛苦減少了。由於科學與醫學發達，不僅少有飢荒，生活也增添許多樂趣，也相當程度的降低了傳染病的風險，現代各種社會福利的政策也讓人們對失業、生病的恐懼感降低了，甚至不再擔心盜匪、流氓介入平靜的生活。也就是說，許多古人感到痛苦的因素，都已經在現代社會大幅改善，那麼，人生還是苦多於樂嗎？我想，應該有許多人已不再這麼認為，於是人生本苦的悲觀主義氣氛也已逐漸淡化。

但是，如果要說，世間不苦、或樂多於苦，那也言過其實了。雖然現代人物質生活獲得相當大的改善，對天災的恐懼也大大降低，而且增添了許多生活的樂趣，像是各種線上遊戲、電影、演唱會。但是，人與人之間的衝突，生活的競爭壓力，也都帶來了新的問題。人性裡有許多因素，似乎總會引來痛苦。像是欲望總是無法滿足、內在的好勝心總想贏過別人、不想吃虧甚至總想佔人便宜，這些人性讓人無論活在多麼進步的社會，總會造成自己與他人的痛苦。當然，苦的面向改變了，從物質匱乏轉向心靈匱乏。即使苦仍然存在，人們不見得會再認同「人生本苦」的觀念。但無論如何，還是必須承認人生中有很多苦，而且期待改變。

也就是說，無論人生本苦或是苦多於樂的觀念是對還是錯，我們想要從苦中獲得解脫的期待依舊存在，佛學仍然有用。那麼，就先不管人生本苦是對是錯，至少如果佛學真的可以協助我

們減少生活中的煩惱與痛苦，讓我們離苦得樂。光是這個理由，其實就很充分了。

但是，「學習佛學獲得快樂」和「玩線上遊戲獲得快樂」，這兩者的意思是不同的。玩線上遊戲本身就很快樂，但學習佛學本身不一定快樂，甚至有時還有點痛苦。學習佛學，是在培養獲得快樂的本事與智慧，獲取過程中未必是快樂的。但得到越多，就越容易去除生活中的苦，以及進一步讓樂浮現出來。

當然，有人可以在學習佛學的過程中就獲得快樂，那是因為他已經有本事去除學習過程的苦，並且享受學習過程中的樂。這自然也是一種本事。而培養這種本事，也是佛學可以達成的目標之一。

如果願意試著走這條離苦得樂之路，那就繼續看下去吧！

四 「離苦得樂」的意義

　　佛教主要目的在於離苦得樂。而離苦得樂要離什麼樣的苦呢？這可以從兩個面向來說，現世苦與輪迴苦。

　　現世苦指的就是目前的人生很苦，希望可以改造我們的人生，讓我們獲得幸福快樂的生活。我想，這是大多數人都希望達成的目標。然而，要達此一目標，必須先了解人生中的各種苦，才知道該如何從苦中解脫。了解苦、尋找苦的根源，而後努力拔除苦，這些步驟其實就是整個佛學的精義所在。

　　現代科學中的幸福學其實也很著重在這方面的研究，也有很多值得參考的成果，可以和佛學相輔相成，但無法取代佛學。佛學和當代科學研究的主要不同點在於研究方法。佛學方法主要是透過返回內心的觀察，尋找心靈深處的亂源，並透過實踐自證解脫之道。這個部分是現代科學無法取代的。

　　在佛學經典的《長阿含經》中，苦被分成三大類。苦苦、壞苦、以及行苦。這些名詞不太好記，我們換個意義相近而且比

較好記的名詞，分別是「身心之苦」、「快樂消逝之苦」、以及「執著之苦」。

「執著之苦」是最根本的苦的根源

第一類的「身心之苦」（苦苦）就是我們日常生活中最熟悉的各種痛苦。生理上的牙痛、頭痛，或是心理上的失戀、失去親人之痛都屬於這類。其實就從這類苦來說，人生大致上已經可以算是苦多於樂了。而且當我們說人生很苦時，大多也只是針對這類痛苦。但佛學還紀錄了其他類別的苦。

第二類，「快樂消逝之苦」（壞苦）是個很難對付、也很難避免的痛苦類型，因爲這類苦來自於樂。所有快樂都會逐漸降低、最後消失。例如，第一次球賽獲得冠軍時，會非常高興。但第二次獲得時，高興就降低了。之後不僅越來越低，還會帶來壓力，而且還導致不得冠軍便會痛苦的處境。就像有學生考試一直保持第一名，久而久之，不但不再快樂，反而充滿了不得第一的恐懼。

生活中最常見的例子是金錢帶來的快樂。賺錢是很開心的事情，累積財富讓自己對未來更加安心，但這種快樂是有風險的，一旦這些財富突然喪失，會比原本就一無所有造成更大的痛苦與不安。就像許多人在股票市場長期獲利後突然股市大崩盤，

常會造成巨大的痛苦。或者，買了一輛名車很開心，但車子刮傷、損壞都會帶來痛苦。也就是說，樂的本質會帶來苦，要超越這種苦，和第一種苦的修行不太一樣。

最後一類的「執著之苦」（行苦）則屬於一種尚未覺醒所造成的苦。由於尚未覺醒，以致於看不清眞相，而執著於一些根本不存在、或是不重要的事情而導致痛苦。這種苦比較不好說明，因爲想要理解都很困難，但卻是佛學裡最核心的觀點。而且只要解決了這種苦，前兩類苦也將迎刃而解。例如，如果一直得第一的學霸根本不執著於第一，也就不會有壓力，就算不得第一，也能享受得第二的樂。在這種情況下，也同時化解了快樂消逝之苦。而且如果拔除的執著夠深入，連身心之苦都能除去。所以，佛學將離苦得樂的焦點放在執著之苦上。

苦的源頭是空

要徹底拔除執著帶來的苦有個很大的難題，因爲人們往往身陷執著，卻未察覺。甚至連苦本身都未必察覺。這個「未察覺苦」的說法聽起來很令人狐疑，好像在說「沒有感覺的痛苦」一樣，沒有感覺不就沒痛苦嗎？實際上不是沒感覺，而是感覺了卻未察覺。就像很多人活在很大的壓力中，習慣後甚至不覺得自己有什麼壓力，直到壓力壓壞了身體，才發現情況不對勁。

有時很多感覺在心裡面攪和作亂，但未必真能察覺這些亂源，必須返回內心，先讓心靜下來，暫時跳脫後才能看到。

但「返回內心」這件事情並不容易，還要看能走到哪個深度。這是佛學的主要重點之一，目標在於走向內心最深處，看見那些最深的執著，只要看見便找到了最根本的苦的源頭。但很有趣的地方在於，眾多佛學修行大師們前往遊歷後，笑呵呵地告訴我們，那裡什麼也沒有。苦的源頭是「空」。

然而，既然苦的根源是空，那苦究竟怎麼來的？答案是「無明」。直白一點來說，佛學告訴我們，苦的根本在於：「自尋煩惱」。但陷入苦中的人不會覺得自己正在自尋煩惱，所以不會認同佛學這種說法。但這也就是迷惑者與覺醒者的差別。學習佛學，目的在於成為覺醒者，覺醒後便了解一切苦其實都只是自尋煩惱而已。而如何成為一個覺醒者，其實也就是學佛的目的。

無明造成執著之苦

要了解這種執著苦，我們可以先這樣理解，人從出生開始，便陷入一種錯誤的思想束縛，也就是所謂的「無明」。而這種思想束縛帶來執著，執著不斷衍生煩惱與痛苦。只要能在智慧的層面上看破，就獲得了解脫，根本從苦中被釋放出來。就像達賴喇嘛在《轉念》一書中所說，**「我們觀看世界的方法根本就**

是錯誤的，而這些錯誤導致了人生的各種苦。」但由於我們很習慣地陷入這種錯誤中難以自覺，以致於對錯誤世界產生難以跳脫的執著而越陷越深。要從這樣的苦中解脫，需要學習佛學，學習佛學就是學習擺脫舊有觀點，建立正見。

舉個簡單的例子來說，想像一下我們被困在一個山洞裡面，山洞外面的人拿著各式各樣的石頭、刀子、斧頭、甚至手榴彈準備往裡面扔。這讓我們感到恐懼，不斷想要躲避，也不敢外出。但山洞裡沒有其他出口，無處可躲也無處可逃，像是陷入一個無法跳脫的困局之中。久而久之，我們習慣了這種恐懼，只能苦中作樂。但佛學告訴我們，這些都是假象，要從這種恐懼中解脫，只要看見真相即可。

於是有一天，我們的智慧突然覺醒，發現洞外人們拿的石頭、刀子等等，都是蛋糕做的，這時終於了悟所有的危險其實都只是假象，這時，我們便從恐懼中跳脫出來，無論是要走出洞外，或繼續留在洞裡，都逍遙自在。這樣的解脫，便是離苦得樂。

以實際例子來說，人們都害怕死亡，對死亡的恐懼屬於心靈上的苦，這是第一種苦（苦苦、身心之苦）。也就是說，「人皆會死」是一種苦的來源。如果人可以不死，或是培養出不怕死的勇氣，才能夠擺脫這個苦。但是，如果去追究根本問題，由於我們已經太習慣接受「死亡很可怕」這件事情，以致於不再注意到實際上我們如此思考才導致死亡之苦。這種認為死亡很可

怕所造成的苦就屬於第三種苦（行苦、執著之苦）。如果根本不認為死亡很可怕，就不會有這個苦了。那麼，我們為何要認為死亡很可怕呢？如果這件事情是虛妄的，只要破除這個執念，就徹底擺脫死亡之苦。這才是根本之道。

覺醒者同時解脫輪迴之苦

這三種苦實際上都是我們生活在這世界上的痛苦來源。佛教在最初發展成為一門典型的宗教之前，或許主要只是著重在這些現世苦。當佛陀還是悉達多太子時，看見了人的生老病死，想要尋找解脫之道，最後在菩提樹下悟道成佛，進入了徹底離苦得樂的境界。這個修行的原本目的應該就在於徹底解脫現世之苦。然而，在當時婆羅門教的社會風俗信仰中，就已有輪迴的觀念，既然人會不斷輪迴，解脫了現世之苦有什麼用呢？來生是不是還要再重來一次？所以，佛陀的解脫在佛學上還被賦予了另一層意義，解脫永世之苦。

這時佛學就具備了更多的宗教成分，於是佛陀的解脫，並不是只有現世，而是脫離了生生世世的輪迴之苦。也就是說，他不會再經歷輪迴，而是徹底從苦中脫離，獲得了永恆的喜樂。這當然也是人們最期待的一個結果。

對現代人來說，如果並沒有輪迴這樣的宗教信仰，或是不

太願意接受這樣的觀點，倒是不用太在意這個宗教觀，可以把目標放在尋求脫離現世苦的意義上即可，光是這樣的目的，其實就已經十分值得我們的努力。如果萬一真有輪迴，而且在解脫三種苦之後也順便脫離了輪迴獲得永恆的喜樂，那就當作是賺到了也不錯。

　　所以，是否真有輪迴的存在，這似乎也不是一個學佛上重要的問題，但實際上確實有許多科學證據支持輪迴存在的可能性。像是瀕死經驗、前世回憶等證據，都傾向於支持靈魂與死後生命的存在。但當然，從嚴謹的科學角度來說，目前的證據還不足以完全可以證實輪迴存在的程度就是了。

（五）靈魂與輪迴是否可信？

當今時代許多人認為輪迴的說法只是迷信，甚至也不太相信靈魂的存在，以致於難以認同佛學。這個心態阻擋了學佛的意願。然而，這裡有兩個迷思，第一，佛學是離苦得樂之學，是佛陀以及歷代高僧深入內心探索苦之根源後所生的智慧，即使不談輪迴，也有學習的價值。第二，這種自認為比較不迷信的科學觀其實已經落伍了。

科學最值得信賴，但並非真理

近百年來，科學突飛猛進，對人類文明有著卓越的貢獻。在這種情況下，如果還要說科學是錯的、或是主張科學只是另一種迷信，那就真的是空口說白話了。套句某位醫師朋友的名言，「究竟是科學藥物治癒的人多、還是宗教信仰治癒的人多呢？」當然，科學是有可能出錯的，而且不可能出錯的主張根本就不足

以稱之為科學。「有可能錯」是科學的本質。也因此，科學需要不斷懷疑現有理論，放開心胸，等待推翻舊有理論證據的出現。這是哲學家波普爾（Karl Popper，1902 ～ 1994）「否證論」的智慧。有別於過去科學被定義為「能夠證明為真的理論」，改成了「有可能被證明為假的理論」，因為「證明為真」根本是辦不到的事情。這是學習科學哲學、深入反思科學後會認同的觀點。

所以，我們無法確定當今科學就是最後真理，說不定還有錯誤尚未被發現，甚至未來還可能有大幅修改的機會。但當今各種科學理論實際上已經被各式各樣的實驗、反思所驗證，並且完成了許多不可思議的壯舉。其可信度已經超越了所有曾經有過的觀念，至少，如果我們想要主張某些違背科學的傳統理論是對的，那得需要相當大的白目勇氣才行。目前幾乎可以說，只有無知的人才會在未經深思的情況下輕率否定科學的可信度。

科學之所以備受肯定，主要在於思考精神上容許任何理性上的挑戰。我們可以盡可能的尋找科學理論有可能出錯的地方去懷疑，而一個好的科學理論也必須能夠經得起挑戰。

舉例來說，假設有一天我去看醫生，醫生藉由流感快篩主張我得了流感。那麼，我可以對這個快篩方法提出懷疑。假設醫生可以提出證據顯示這個快篩方法已被證明百分之九十九有效，那我還是可以猜測我就是那例外的百分之一。理性的說，我可以

主張我有百分之一的機率不是流感。醫生也無法否認，但醫生也可以主張我有百分之九十九的機會是流感。然而，除此之外，我還可以進一步懷疑醫生的測試方法不好，因爲醫生在抽樣時沒戴口罩，又一直和別人說話，說不定裡面測到的流感病毒是醫生的不是我的。這個猜測也有其合理性，依據科學精神，如果想要更進一步確認，就必須重測，排除施測者污染試劑的可能性。就算重測後結果還是一樣，我還是可以猜測說不定是醫院空氣中充滿流感病毒的關係。如果空氣中確實也有可能在某種情況下導致錯誤結果，那就必須要排除這種可能性。這種懷疑可以說沒完沒了，能排除越多可能造成錯誤結果的結論，可信度就越高。即使我們永遠無法達到絕對正確的標準，但卻可以走向越來越高的合理性與可信度。這是科學精神的研究方法，也是爲什麼科學可以備受肯定的源由。

　　所以，當我們深入了解，會發現科學雖然備受肯定但並不是一言堂，幾乎任何理論都有懷疑者與反對者，眞相仍然懸而未決，甚至有時針對某些理論，連成爲共識的主流理論都還未有，仍有不同理論互相競爭。而即使是我們所熟悉的主流理論，也未必完全經得起其他學派的挑戰，所以，某些衆人心中所認定的科學觀，在科學界裡，可能還在煙硝瀰漫的戰鬥中，頂多也只能算是主流思維，或是暫時的共識。

科學預設的唯物論未必正確

　　首先，最重要的一個科學基本觀點，可以稱之為「唯物論」。唯物論是當今科學的預設，主張世界上的所有一切都是物質的作用，包含人全部的心理活動都是物質的運作造成的。也就是說，我們的任何思想、情感、意念、甚至意識，都是物質（大腦）作用所產生。在唯物論的觀念裡，沒有那種死後還可以繼續存在的（非物質）靈魂存在的餘地。沒了靈魂，就很難談輪迴了。所以，從這角度來說，主張輪迴的佛學是違背科學的，而如果違背科學的信念都可以算是迷信，那就可以推理出，相信佛學的輪迴觀就是迷信。我猜想這也是當今許多知識分子的想法。

　　然而，雖然唯物論觀點確實是當今科學主流，但這種觀點其實尚未得到證實，而且學界在這個議題上還充滿著對立的煙硝味。舉例來說，如果真要相信唯物論，就得要主張人心的一切活動都是廣義的物理現象，而物理現象基本上就是依據一定的定律在運作。這可以用撞球來比喻，當我們撞擊母球的一瞬間，未來整個球桌的球將會如何排列，已經在撞擊的一瞬間被決定了。而決定者，就是物理定律。就算我們把微觀世界中帶有機率性的量子規律放進來，頂多增加不同機率變化，基本上一切還是遵循物理定律。

　　那麼，這有什麼不對呢？會出問題的地方在於，在這種情

況下，那就表示我們生活中以為在做決定的各種選擇，其實都只是假象。也就是所謂的「自由意志」是不存在的。也就是說，我們的所有決定，百分之百都不是自己的意志所決定，因為根本沒有真正可以做決定的意志存在，因為意志這個東西的運作方式是無法計算的，在決定之前，未來尚未被決定，這樣的東西無法被歸類為任何物理定律，也就不可能屬於物質的運作。也就是說，無論我們的行為受到多少先天和後天因素的干擾，如果我們相信人類至少有那麼一丁點決定的自由，就算只有億分之一也好，那就表示人心不是百分之百的物質，也就必須接受有非物質的存在。只要能接受這點，唯物論就是錯的。靈魂與輪迴就開啟了可能性。

雖然確實也有許多學者主張自由意志只是假象，但這種認為自由意志完全不存在的想法根本上違反了我們生活中的直覺。如果我們不相信自由意志，就不能再批評任何罪犯了，因為任何犯罪都不是犯人所做的決定，就像那些毫無自制力的精神病患一樣，我們不能譴責他們。任何人都不該有任何責任，因為所有人都不具有可以負擔責任的決定能力，那麼法院應該停止審理任何案件，監獄應該廢掉，釋放所有罪犯，因為他們都是無辜的受害者。然而，相信唯物論的人，大多也在未經深思下相信著自由意志，但這是矛盾的，至少乍看之下是矛盾的，想要解開並不容易。

當然，即使導致矛盾並不代表唯物論一定是錯的，也有可能是我們對自由意志存在的想法過於習慣也過於符合直覺而無法擺脫它而已。所以，我們也不能說唯物論一定是錯的，我們確實無法排除「自由意志只是一場錯覺」的可能性。

但可以挑戰唯物論的，也不僅僅是自由意志的問題而已。當今量子力學中所觀察到的某些粒子現象，也顯示唯物論很可能是錯的。

以不確定方式存在的粒子世界

科學家發現，當粒子在沒有被觀察的時候，是以一種機率的方式存在，但被觀察後，就轉變成是一種確定性的存在。舉例來說，假設我們製造一張內含電腦晶片的液晶螢幕撲克牌，這張牌有可能是黑桃 A，也可能是方塊 A，機率一半一半。要做到這點很容易，可以用電腦程式寫出這種情況，並且讓它處於尚未決定的狀態。粒子在被觀察前，就很像是這種存在方式，它屬於不確定狀態，但我們可以用機率的方式來解讀它。然而，當我們去觀察它的時候，它不會展現出這種機率的樣貌，而是直接以確定性的方式呈現，就像那張牌一樣，要嘛變成黑桃 A，要嘛方塊 A，機率各半。

這種機率式的存在方式是一個很匪夷所思的狀態，很難想

像大自然界的原始面貌其實就是如此，目前科學家並不知道量子為何有這樣的特質，我們只能說，它們就是這樣，這是科學研究所發現到的情況。這個現象的重點在於，「觀察」為何會導致粒子改變狀態呢？由於當今科學實驗已經可以排除所有可以想到的物理干擾因素，並不是我們在觀察的一瞬間做了什麼事干擾了粒子的運作，而是只要我們用任何方式去觀察它，它就會轉變成具有確定性的存在。

重點在於，粒子並沒有受到任何物理干擾，但它們的存在方式卻被改變了。如果我們訴諸因果律，相信任何事物的改變一定有其原因，那麼，造成粒子改變的原因是什麼？如果不是物質因素，就只能是非物質因素。如果真是如此，這也會打破唯物論的神話，如此一來，科學也必須大幅改變。

而且，如果這樣的非物質因素來自於人類的觀察，而「觀察」又是一種心靈力量，那就表示人心具有非物質的特性。這個結論也提高了靈魂與輪迴存在的可能性。

當然，目前這個問題尚未獲得解答，屬於爭議中的問題，所以，也不代表唯物論是錯的，也可能只是我們尚未發現其中干擾的物理因素而已。但這樣的結果，已經大幅削弱我們對唯物論的信心了。

科學仍無法解釋的瀕死經驗與前世回憶

除此之外，瀕死經驗與前世回憶的事件，也在相當程度上提高著靈魂與輪迴的可信度。

所謂瀕死經驗是許多在瀕臨死亡的急救後、甚至被宣告死亡後活過來的人的體驗。這些體驗包括通過黑隧道、發現隧道盡頭的光、以及在隧道口遇見死去的親人。由於這類報告數量非常龐大，目前已不再認為這是病人所虛構。不過，這些經驗究竟是呈現事實真相、或者只是病人的幻覺，則屬於爭議中的話題。

前世記憶的案例也很多，而且數千筆研究已被寫成嚴謹的科學報告，並不只是八卦雜誌的小道消息。而且許多案例也很難用巧合來解讀。例如，二戰期間的美國軍人轉世案例。一個生於美國（不相信輪迴的）基督教家庭小孩，從小不斷被飛機墜毀的惡夢驚醒，並且能夠說出一些連父母都不知道的關於飛機的專有名詞、正確描述當時的戰爭細節，以及認出當時的同袍。最後還上了電視新聞，寫成一本暢銷書。由於這個事件鬧得很大，牽連到許多人，包括小孩的心理醫生、教會裡的教友，以及那些退伍軍人及其家人。如果有任何造假，應該會被告發，但目前仍沒有這類訊息。

這方面的研究由於挑戰著當今科學的主流觀點，所以被用放大鏡嚴格檢視。尤其對於目前科學無法解釋的案例，也大多只

是先放著，靜待未來更深入的研究，所以也只能算是爭議中的問題。但這些研究報告都支持著靈魂存在的可能性，也讓佛教的輪迴觀增添更多可能，而且它其實並不違反科學。頂多只能說，輪迴觀並不符合當今科學主流觀點，但未來成為主流科學的可能性是存在的，而且我認為並不算太低。

但這裡有個問題，就算靈魂存在，佛學認可的靈魂和一般世俗認為的靈魂其實不太一樣。這是因為佛學主張無我。佛學認為「我」是一個虛妄的觀念，所以可以輪迴的靈魂自然不包含有那個虛妄的「我」了。依據達賴喇嘛的說明，進入輪迴的並不是一個具體的（像是一個自我的）非物質靈魂，而只是因緣聚合下的一股連續的意識流。但其實就算只是這樣主張，也很難符合唯物論，因為要解釋這種連續性的意識流如何從一個人過度到另一個人也一樣很困難。這個部分就需要假設一種超越心與物的新世界觀才行了。

佛學，就是這樣的一種新世界觀。學習佛學，也同時在學習這種世界觀。而其中最重要的學習關鍵在於必須能夠在觀念上根本地放棄現有的世界觀。只要無法拋棄現有世界觀，就無法注入新的觀念。而原本世界觀就是無明的根源，無法放棄就是執著。然而，佛學並不認為這個新世界觀只是一個哲學理論，而是一個可以被證悟的真理。證悟，就是學佛的終點。如何去證悟它，就是學佛的途徑。

（六）離苦得樂的方法從
除去貪、嗔、痴做起

那麼，我們回到追求幸福快樂的最核心問題，「離苦得樂的方法究竟是什麼？」

在一般大眾的生活中，如果頭痛了，那「離苦」的最簡單方法就是吃個止痛藥。如果平時沒什麼痛苦而只是覺得很無聊，那麼「得樂」的最簡單方法，就是玩玩線上遊戲。這是現代人常見的生活型態。但可惜的是生命並不簡單，無法都這麼輕鬆度過。

生活中會遇到許多壓力，像是競爭的壓力、工作的壓力、經濟的壓力、疾病的壓力、人際關係的壓力、甚至還有死亡的壓力。這些壓力大多不易解除，而不解除就帶來痛苦。除了壓力之外，還有欲望，無論在心靈或是物質層面，欲望不滿足也是痛苦。這是屬於佛學談到的第一種苦——身心之苦（苦苦）。

當人們無法跳脫痛苦時，便想追求各種快樂來忽視痛苦。然而，古代佛教高僧探詢人性、尋找苦的根源後發現，**以盡可能**

滿足欲望、追求快樂的方式無法真正離苦得樂。因為，「忽視痛苦」只有短暫的功效，無法真正消除它，它還會繼續不斷來襲。而且短暫快樂也無法長久，都會倦怠、樂趣喪失，甚至升起缺乏生命意義的虛無感，無法真正離苦得樂。這是佛學所說的第二種苦——快樂消逝之苦（壞苦）。

那麼，先來反思一下自己，是否早已在此走上錯誤的道路。如果是的話，那就回憶一下個人經歷，是否就如高僧們所說。這種印證方式是學習佛學很重要的一個過程，印證過後，才真能吸收前人智慧，轉成自己的本事。

除此之外，還有第三種苦——執著之苦（行苦）。這是由於錯誤觀念所造成的苦，這更容易讓人陷入苦的深淵，難以自拔。高僧們最後發現，不管針對哪一種苦，想要離苦得樂，就必須修行。修行就是改變自己，提升智慧與改變心念，讓自己變成一個可以掌握幸福快樂的載體。

從「知」與「行」並進學習佛學

這種改變可以分成兩大部分，第一是從「知」著手。佛學認為苦的主要根源之一來自於錯誤的知識或是錯誤的思考，只要解決了知性上的問題，就等於解開了相當大部分的苦。第二個部分是「行」，也就是藉由實踐來改變自己。例如，我們都知道，

如果可以不用去恨一個人，自己也可以獲得更輕鬆的心靈世界，但有時就是做不到，如果心靈成長後可以更自由，可以做到許多過去無法做到的事情，那就可以脫離許多種類的苦了。只要根除了苦的源頭，就自然會離苦得樂。

　　舉例來說，由於我個人名字比較特別，從小就容易被同學亂開玩笑，尤其姓「冀」的大概都會經歷過被人故意喊成「糞」的情況。由於字型很像，很容易聯想，總是有自以為幽默的人喜歡開這種毫無創意的玩笑。小時候對這類事情非常在意，會很生氣。但只要觀念改了，擺脫了會在意的執著，就對這類事情免疫了。記得有一天，在便利商店領包裹，店員看到我的名字時猶豫了一下，但還是勇敢唸出「糞劍制」。我只是無奈的笑一笑，跟他說，那個字是「冀」。他連忙道歉。但我揮揮手表示不在意，而且也真的不在意。

　　只要放下了對名字的執著，立刻減少了煩惱。像是有人寫信給我，寫成「紀建志收」，沒有一個字是對的。我看了也只是搖搖頭，覺得離譜好笑。另外掛名推薦書籍時出版社還印錯名字，變成「翼劍制」。他們發現時大概已經印了幾千本了，趕緊寫信來道歉。我也一樣不在意，還安慰他們說，「別擔心，根本不會有人注意到。」

　　如果類似這種放下了只有好處沒有壞處的執著都能拋棄掉，人生當然就能把煩惱降到最低了。但每個人都有很難克服的問題

所在，需要刻意去改變才能做到。佛學重點之一，也就是在探討如何破除各種心靈上的執著。這必須先探索苦的源頭。

苦的源頭是貪、嗔、痴

在佛學經典《長阿含經》的觀點上，苦的根源叫做三不善根；在《四解脫經》則稱之為三毒──貪、嗔、痴。貪，指的是貪心。嗔，是生氣的意思。痴，指的是思考障礙而生的無明，也就是不明事理的意思。

如果學習佛學的目的是想要獲得離苦得樂的效果，那就不能只把佛學當作與自己無關的學問來研究，而必須時時刻刻返回內心去印證。所以，要了解貪嗔痴如何成為煩惱根源，必須從觀察自己內心的貪嗔痴作為起點。但這其實也不是容易的事情。以我來說，剛接觸佛學時，就覺得自己沒什麼貪嗔痴。

在貪方面，我一直覺得我是個不太貪心的人，至少可以說是朝著不貪心的方向成長，尤其年長之後開始以斯多葛主義者自居，實踐西方哲學的公平正義理念，過程也都還算順利，不會為了貪圖什麼而違背公平正義。在嗔方面，雖然有時遇到某些事情會很生氣，甚至難以控制，但這種時候很少，而且一直在進步中，在同事們眼中，我大概算是一個ＥＱ很高的人，所以整體來說問題不大。而在痴方面，由於客觀邏輯思考是我的專長，這個

部分對我就更沒影響了。所以一直以來，我認爲貪嗔痴已不再是我的大麻煩。從這角度來說，我似乎已經遠離了人生煩惱源頭。

這個想法雖然讓自己感覺不錯，但總有些心虛、不太有把握。因爲，我又沒做什麼了不起的修行，爲何有這麼高的成果呢？難道是我天生的根性太好了？我猜想，應該有許多平時較淡泊名利的人都跟我有類似的想法與疑惑吧。

悟觀法師開示何謂貪、嗔、痴？

直到有一天，深水觀音禪寺住持，也是華梵大學董事長悟觀法師分享了一段她過去對貪嗔痴的體悟，聽完後不禁對自己的想法啞然失笑。原來，我自以爲影響不大的，並不是貪嗔痴的主力軍，頂多只能算是外圍的巡邏兵罷了。

那一天，在深水觀音禪寺裡，悟觀法師獨自靜坐於洗心室，正當內心感受到佛法修行進展的喜悅，一隻螞蟻無聲地出現在佛桌上，緩慢移動，干擾了法師的心靈世界。一向愛乾淨的法師不由自主的一揮衣袖，想拂去小螞蟻。這一瞬間，法師看見了貪嗔痴的原貌。

大殿之內已經夠乾淨了，卻容不下一隻小螞蟻，是貪。對牠帶來的一丁點不完美感到一絲絲的生氣，是嗔。對於絕對乾淨的堅持，是痴。

　　聽完這個經驗分享，我才了解到，原來在人們最初的起心動念裡，就已經落入了貪嗔痴。這些念頭，絕大多數埋藏於內心深處而難以發現。發現時，都已帶來煩惱與痛苦。如果我們期待徹底改變，遠離貪嗔痴，就必須回到那最初的念頭，看見貪嗔痴的原始型態，才能開始斷除這些干擾力。

　　這個分享，帶給我很大的震撼。因為當我拿來自我印證時，便發現原來我一直淹沒在貪嗔痴的苦海裡而缺乏自覺。

　　貪，不只是貪圖名利，而是一種一直想要獲得更多的念頭。對我來說，最明顯的情況是在研究與寫作期間，由於時間有限，總是希望每天都能多寫一點，這個貪念容易導致過勞，帶來身體上的不適。這個發現之所以會帶來震撼，是因為在發現這個貪念之前，我一直以為自己是因為敬業、認真工作，才會過勞寫作與研究。這種正面解讀導致志得意滿，自我感覺良好，即使已經身體不適也不太積極改變。但歸根究柢，原來只是貪心作祟而已。

　　而當我必須參與學校的會議時，常常覺得會議很無聊，浪費時間，無法好好做其他更有意義的事情，因而感到生氣，這是嗔。過去沒有看到這個嗔心，只覺得每次開完會都很疲憊，因而誤以為自己是個不適合開會的人。所以一直對開會抱持很大的反感。事實上，疲倦感應該是來自於會議期間不斷持續的負面情緒。

　　另外，我對於會議就必須有意義的堅持，以及認爲這些會議缺乏意義的觀點則都是痴。這些都是原本沒有看到的問題，於是，在學習與自我印證了貪嗔痴之後，便看見了這個一直對我造成困擾的問題源頭。而看見，就是改變的契機。

　　我嘗試改變觀念，開會時利用時間跟同事們閒聊，就算會議本身沒什麼意義，至少也有舒緩身心的功效。而在會議中，如果認眞思考，參與討論，其實也可能有所貢獻，不盡然是無意義的。研究與寫作方面，就放下心，不貪多，反而可以寫得更好。諸如此類，把生活中各處受到貪嗔痴影響的地方找出來，如果我們可以從貪嗔痴的角度重新省察生活，改變自己，便邁向離苦得樂的道路。

七 爲何貪、嗔、痴是苦的源頭？

　　佛學主張貪嗔痴是苦的源頭。針對這點，我們可以先從邏輯的合理性角度思考，「眞是如此嗎？」「爲何如此呢？」不管思考結果如何，都能讓我們更清楚了解苦的來源。尤其如果貪嗔痴眞是苦的源頭，思考後也將更了解如何掙脫這些苦。

　　首先，「貪」爲何是苦的源頭呢？我們可以試想，當人們貪圖他人財物或是美色時，光是想像卻得不到便是苦。因爲想像會帶來欲望，有了欲望便想滿足欲望，欲望無法得到滿足，就會覺得苦。而且如果追求方法不當，則容易做出侵犯他人或是違反法律的行爲，這一樣會帶來禍害。所以，貪而不得，是苦。這個部分的推理應該是沒有問題。

　　然而，反過來說，如果貪念獲得滿足，是否不但不苦，還很快樂呢？如果眞是如此，那離苦得樂最好的方法不但不是去止息貪念，還應該努力去滿足貪念。不是嗎？

高官權貴可否安心享受貪念之樂

　　確實！乍聽之下很有道理。所以，社會上許多人這麼想、也這麼做。這也是爲什麼人們要追求金錢與權力，因爲這些是讓人滿足貪念的最佳利器。那麼，我們可以試問，如果身爲有權力的高官，或是富人，是否就不會因爲貪念而導致危害了呢？是否可以在魚肉鄉民時仍志得意滿？

　　顯然這是有風險的，尤其在現代社會，運氣不好，還是會被抓。就算處在極權時代，就算和獨裁者交情好，也不保證平安無事。那如果自己就是獨裁者，是最能滿足欲望而且沒有危害的皇帝，貪心應該就沒有什麼不好了吧？說到這裡，大家可能會升起一個念頭，「當皇帝眞好啊！」但眞是如此嗎？

　　或許，這時佛教徒會說，不行！那會造業以及下地獄！但是，這說法必須訴諸宗教信仰，目前我們並沒有夠好的客觀證據主張業力以及地獄必然存在。所以，這個看法對信徒或許有用，但對非信徒則缺乏說服力。而且，實際上並非所有佛學理論都支持一般民間業報與地獄的觀念。那麼，作爲苦的來源之一的貪，是否只針對受人宰制的庶民才是苦的來源？

　　其實並非如此。即便是獨裁者、是大權在握的皇帝，就算不考慮業報或是地獄，貪心一樣是苦的源頭。主要的因素在於：**「貪，是不滿足的源頭，而不滿足會帶來無盡的苦。」**對任何

人來說，即使都依正當途徑追求欲望的滿足，得到後雖然快樂，但這個滿足需要付出的代價是欲望會越來越大，直到得不到的痛苦來臨。想要離苦得樂，雖不必然要斷除所有欲望，但至少必須在某個階段停止，而停止讓欲望繼續干擾內心，其實就是停止貪念。

快樂消逝之苦（壞苦）讓人無法持續享受貪念之樂

舉例來說，以現代人追求幸福快樂為例，究竟什麼樣的生活算是幸福快樂呢？以我個人的經驗來說，我記得在學生時期，很希望有一輛機車，因為有了機車就可以自由到處跑，不用花時間等待公車。但真正擁有機車之後，雖然剛開始很開心，久了就習慣了，快樂感降低。一旦遇到冬季雨天，又濕又冷，騎機車很困擾，就羨慕別人有汽車。有了汽車之後，又慢慢習慣它的好處，也開始覺得名貴的車好像開起來更好，開始羨慕好車。

如果放任欲望不管，這種心境不會有停止的一天。有了好車之後說不定開始想要遊艇、飛機、甚至哪一天也想要有私人太空船。只要我們不斷跟隨內心的渴望，就不會有滿足的一天。說到這裡，或許有人會覺得自己欲望沒這麼大，但實際上，我現在也從沒想過要私人飛機，但只要看看別人，就可以了解自己，並不是自己欲望不大，只是時機未到。

不僅舊欲望滿足所帶來的快樂會不斷消減，新欲望的不滿足會帶來苦。所以，無論我們滿足欲望到哪一個階段，都無法真正脫離痛苦。想要脫離痛苦，就不要再跟隨這股一直想要更多的貪念，讓貪念停止在任何一個階段，就斷絕了苦的源頭。

這就像是人們總是覺得「我的欲望不高，只要再多那麼一點點，我就滿足了。」就像常有人說，「衣櫃裡無論有多少衣服了，總是還少那麼一件。」「幸福總在前面不遠處。但卻永遠到達不了。」

古代佛學修行人發現了這種詭異的心態，不斷在生活中帶來不滿足的痛苦，甚至為了追求這樣的欲望而費盡心思，甚至使用不當的手段而帶來禍害。因此追尋痛苦的源頭，發現就是貪念惹的禍。所以，在追求離苦得樂的目標上，止息貪念才是我們真正需要努力的目標。否則像是秦始皇這樣，雖然擁有了一切，但仍舊不滿足，便把內心的渴望全放在追求長生不老上，即使費盡心思，也在失望中落入苦的深淵。內心無法獲得安寧時，便無幸福可言。

為何嗔是苦的源頭？

那麼，「嗔」又如何是苦的源頭呢？這個問題倒是比較簡單，因為生氣（嗔）本身就是一件不愉快的事情，還容易製造人

與人之間的衝突。如果可以盡量少生氣，甚至不生氣，生活當然更愉快了。但需要注意的是，少生氣或不生氣指的並不是把氣憋住、忍氣吞聲。忍住一時的憤怒雖然也有好處，可以避免立即的衝突，確實也是需要培養的能力，但長久下來也可能醞釀出更大的問題。最好的方法，就像能夠止息貪念一樣去止息嗔念，才算真正脫離這個苦的源頭。

但說到這裡，大家可能會發現一個重大問題，「止息嗔念，這有可能嗎？」生氣要忍耐不發作都很困難了，怎麼可能平息它呢？當然，這很困難，而且對大多數未經修行鍛鍊的人來說確實是不可能的事情。但古代聖賢大德經歷許多嘗試之後，發現這種我們認為的不可能實際上是可以改變的。修行佛法，改變自己，讓嗔念不再干擾人心。這也是為什麼佛學在深入內心世界尋找問題根源所孕育出來的學說是了不起的。至於該怎麼做，後面會再詳細討論。

為何痴是苦的源頭？

那麼，「痴」又如何？這個部分也很容易理解，錯誤的思考和錯誤的知識往往是禍源。舉個最簡單的例子來說，如果有錯誤的健康觀念，那還能不導致痛苦嗎？如何導正思考能力，讓我們排除錯誤知識，減少錯誤推理，自然可以減少痛苦的發生。

更重要的問題是，痴心跟執著息息相關，當我們因為強烈的執著而放不下某些事物時，通常是因為思想卡在某些觀念上無法跳脫出來，如果可以看破各種假象，讓思路更自由，自然也能破除執著而離苦得樂了。

關於痴心導致的痛苦大概是跟西方哲學最有交集的部分。西方哲學在此領域有大量的研究成果可以協助學習佛學的人從不同角度提升自我，跳脫無明的控制，就能離苦得樂。這部分將在第十章再詳細討論。

如何止息貪嗔痴？

既然貪嗔痴是苦的根源，那麼，該如何藉由斷其根源來離苦得樂呢？此處，我們遇到的第一個問題是，所謂斷其根源，指的是要去除貪嗔痴嗎？也就是把心中的貪嗔痴徹底消滅掉。真是如此嗎？

去除貪嗔痴當然是一勞永逸的辦法，但說得比較簡單，真要去做，怎麼可能呢？這簡直就是要挑戰人性本能嘛！或許在人們經歷過某種特殊的修行之後可以辦到，但就算可以，一定是極為困難的修行，絕對不是短時間，也不是每個人都可以達成的目標。如果硬要完成這樣的使命，必然會有很高的失敗率。所以，我們可以先思考一下，要斷其苦的根源，非要去除貪嗔痴不可

嗎？

　　針對這個問題，可以參考與痴念相關的西方批判性思考教育。我們該如何克服思維謬誤的干擾呢？謬誤的思維屬於本能，由於人們天生的邏輯思路是不完全的，容易犯謬誤，很難根除。

　　舉例來說，當你前往一個陌生的國度旅行時，對這個國家的第一印象，就會成為對這個國家的理解。例如，遇到的人民很沒禮貌，就會覺得這個國家的人很沒禮貌。當我們走進一座從未到過的森林，在入口處看見一隻毒蛇，就會覺得森林裡都是毒蛇。這種「以偏概全」式的思考，是我們的認知本能，幾乎可以說是無法改變的，如果想透過修行去改變，就算真能辦到，也必然要歷經千辛萬苦。但事實上要排除這種先天認知瑕疵倒不一定要改變本能，而是可以增加新的能力來預防本能所造成的干擾。例如，如果可以鍛鍊出一個對謬誤思維的敏銳神經，當謬誤發生時立刻逮到它，不讓謬誤干擾我們的思路與決策。這樣就可以相當程度的阻絕謬誤所造成的苦。

　　所以，要掙脫貪嗔痴所製造的苦，至少初步的努力方向應該是如此。學習觀察內在的起心動念，訓練出偵測貪嗔痴心念出現的敏銳神經，當念頭出來的瞬間掌握到，以防止其作亂。所以，暫時不用對自己的貪嗔痴本能感到苦惱，只要能夠在發現後，瞭解這是屬於貪嗔痴的心念作用，不要跟隨它們的引導，就可以相當程度的阻止它們帶來的痛苦。

　　所以，要止息貪嗔痴並不必然要把內心的貪嗔痴消滅掉，而是停止它們的作用力。如果真想徹底改變自己，挑戰抹去貪嗔痴的本性，這就算可能，也將會是一個艱難了不起的工程，可以放在下一個階段的修行挑戰。

⑧ 看見貪、化解貪

　　佛學認爲苦的源頭是貪嗔痴。這句話很容易解讀成「貪嗔痴是所有苦的源頭」，但這是不當解讀。比較適合的解讀是「貪嗔痴是許多苦的源頭」，或甚至「貪嗔痴是苦的主要源頭」皆可。必然有某些苦是其他心念造成的。例如，佛學另一種說法主張苦的源頭有五個，稱爲五毒：貪、嗔、痴、慢、疑。原本的三毒加上了傲慢和多疑。但即使加到五項，也不適合理解成這五毒是所有苦的源頭，必然還有一些不在這裡面。例如，有人把「慢」解讀成慢吞吞，或是懶散，懶散就會荒廢正事，自然也會帶來苦。

　　由於佛學的主要目的不在於建立理論，而在於實地修行。建立理論或許需要考慮是否已經包含全部，但對於實修來說這問題並不重要。如果把貪嗔痴的苦都克服了，還是有漏網之魚，那就繼續修行漏網的苦，完全沒有問題。如果連貪嗔痴都無法克服，那從實修角度來說，貪嗔痴是否包含所有苦的問題就一點都不重要了。

然而，每個人的天性和後天環境不盡相同，或許對某些人來說，最大的困擾不是貪嗔痴，那也沒關係，就參考佛學看針對自己的問題有沒有幫助，先去克服自己最大的困擾。所以，學習佛學更重要的問題在於，我們該如何克服自己這些會帶來苦的心念。由於貪嗔痴是多數人的共同困擾，就讓佛學先帶領我們認清這三毒，以及如何離苦得樂。首先來看看「貪」。

貪是一種不斷想要更多的念頭

當人們有著很明顯的貪念和嗔念時，當然不太需要特別注意就可以發現。我們要學習的，是在很細微的起心動念時就想辦法掌握到它們。但一開始，大多數人不太習慣去觀察自己內心的微小變化，需要從一些比較明顯的心理狀態來提醒自己。

以貪來說，首先需要認清「貪」的特質。貪是一種不斷想要更多的念頭。由於在自我觀察中，想要更多的念頭比貪念更容易被發現，所以我們可以把這樣的心理狀態當作發現貪念的重要指標。但是，並不是所有想要追求更多的念頭都起源於貪念。例如，當我們喜歡幫助別人、喜歡幫助流浪動物，在時間、精神、與金錢的負擔範圍內，永遠不嫌多，樂在其中。這雖然也會想要追求更多，但卻不是貪念造成。

貪念至少還包含了一種類似吸毒上癮被欲望鉤住的狀態。

這種狀態容易讓人做出違背道德的舉動。尤其平時習慣貪圖小便宜時最容易看見這種心念。而且這種心念也很容易被商人利用，買了一堆用不著的東西，最後根本是損失的一方。平時貪圖小便宜，大概是培養貪念最大的溫床，久而久之，越養越大，越發不可收拾。

　　要克服自己的貪念，就需要先訓練出在貪念升起的瞬間可以抓到的能力。我們一開始很難精準發現貪念，但比較容易抓到「一直想要更多」的心念。所以，可以先攔截這種念頭後再仔細判斷是否屬於貪念。那麼，在生活中，何時會出現這種一直想要更多的念頭呢？

在生活中尋找並且認識自己的所有貪念

　　只要發現自己針對現在已經擁有的東西，感到不滿足，想要獲得更多的心態時，就要留意是否是貪念的作用。舉例來說，當我們中了一張兩百元的發票，就會想為什麼不是一千元？當我們吃了一頓美食時，感到不滿足，想著如果是吃大飯店的多好！當我們已經擁有了還不錯的薪資時，總會想著如果再更多一點有多好。當了地方議員，享受了權力之後，想著如果選上國會議員多好。諸如此類，都時常發生在我們的周圍。只要發現自己「想要擁有更多」時，就必須有所警覺，回頭看看，內心是否起了

那種像是吸毒上癮般被鉤住了的貪念，甚至這股念頭還可能企圖引導我們去做一些不公平、不正義的舉動。如果可以在生活中時時刻刻注意貪念的出現，就有機會在最初的時刻裡逮住它，並且化解它。做法是停止這種心念，並且回頭去感受已經擁有的事物的美好，即可當下排除貪念。越常這麼做，貪念的作用力就會越小。

然而，在生活中發現自己的貪念並且化解之後，要記住一件很重要的事情，我們的認知會傾向於犯一個「訴諸無知」的思考謬誤。就是容易把看不見的當作不存在，誤以為自己已經可以看見所有內心的貪念。事實上，貪念常常藏得很好，難以發現。例如，生活中有很多在表面上看似好事，但背後動機卻來自於貪念。這種貪就很難發現。像是許多研究人員為了發表更多論文，日以繼夜的努力。從表面上來看，像是很敬業，也似乎是在造福世人。但內心動機卻有可能只是貪圖名利。在這種情況下，不僅容易由於過勞導致疾病，也容易引發學術造假的行為。尤其在實驗一直未能突破而無法成功的情況下，如果目的單純只在於喜歡研究與造福世人，那就一定不會造假，因為造假是無意義的，只會想著如何克服萬難。但真實內心若是貪求名利，就有誘因走上歹路，容易一失足而帶來身敗名裂的危機。如果可以在一開始就發現這股貪念的力量而不跟隨，便可以減少誤入歧途的潛在危險。

並非追求更多名利就一定是貪

當然，就算是積極追求名利與權力，也並不一定都源自於貪念。舉例來說，薪資確實不夠用，想要更多，這不一定是貪念。要看這個「不夠用」究竟是哪一種不夠用，如果是因為貪圖某些事物而不夠用，那一樣是貪，只不過不是貪財，而是貪圖那個事物。如果錢不夠用是為了生活、為了理念，或是為了其他更有意義的事情，那也不是貪。想當大官如果是因為貪戀權力，那是貪。如果單純是想有更多服務人民的機會、想要改革社會、做出一番大事業，那就不是貪。人們在求知時也可能會有類似的心情，充滿好奇心，總想知道更多。這種心念，雖然也包含著永遠不夠的感覺，但卻是知識與智慧的源頭，也不是貪。就算我們想把這種念頭也稱之為貪，至少不是那種會帶來苦的貪念，不屬於苦的源頭的貪嗔痴，不是離苦得樂需要止息的部分。

判斷貪念的標準

當我們找到這種一直想要更多的念頭時，還可以用兩個標準來判斷這是否真屬於貪念？第一，是否想用不適當的方法追求？第二，追求不到時是否會引發負面感受？

這兩者都是貪念的特點，貪圖某些事物時，通常會想用不

正當方法獲得，而且如果無法獲得，會產生失落等負面情緒。同時兩者都沒有，那麼，這種「追求更多」的心態就比較不屬於貪念。否則，就很可能源自於貪念才產生的動機。如果受貪念引導而使用不當的方式追求事物會給自己招來麻煩，立於險地而帶來痛苦；依據貪念追求事物時，無論是否追求得到，都永遠無法真正滿足。而且被貪念牢牢套住的狀態，本身就是一種苦。

運用智慧觀察，看清自己的貪念，瞭解這是苦的源頭，並且停止服從貪念的驅動力，回歸寧靜的內心世界。這就能逐漸擺脫貪念的束縛，踏上離苦得樂的道路。

（九）看見瞋、化解瞋

　　瞋是生氣、憤怒，這屬於比較明顯的情緒，所以比貪更容易被發現，但卻比貪更難擺脫。當我們可以看見貪的時候，只要願意，至少當下可以抵擋貪的驅動力，但瞋很不一樣，就像口香糖黏在鞋底下，很難移除。不過，這是我的個人感受，也有可能因人而異。

　　記得在大陸電視劇《鐵齒銅牙紀曉嵐》中有一個很有趣的片段。當時貪官和珅已因收賄案身陷險境，卻又忍不住收了錢。收完便悔恨地跟自己的手說，要把它斬斷，還責怪手會害死自己。其實背後真正收賄的不是手，而是指揮手的人。

　　我之所以會覺得這個劇情很有趣，而不是感到警惕，是因為拒絕賄賂對我來說是相對比較容易的事情，不太可能像和珅這樣內心充滿矛盾。想拒絕就拒絕，沒有懸念。收賄是一種貪念的作用，可能貪念對我的影響力比較低。但如果真有人像和珅那樣，就有可能認為不讓貪念作用的修行是非常困難的。

相反的，我常會被憤怒之心籠罩，難以釋懷。但對他人來說，或許這反而比較不是問題。有時差異不僅是天生的個性、後天的教育、經歷，甚至生活習慣也會導致不同。不過這沒關係，沒有所謂的好壞，人與人之間的比較也沒太大的意義，反正每個人針對自己的困難去改變，只要能開始擺脫貪嗔痴的掌控，就開始走向離苦得樂的生活。

提升智慧，克服嗔心

當發現自己起了嗔心，該如何克服呢？克服嗔心大致上可以從兩方面著手。第一，提升智慧。生氣的背後通常會有理由，無論什麼理由，在佛學的解析下，都是夢幻泡影。也就是說，都是一種執著。只要放下觀念上的執著，就可以放下嗔心。這個部分屬於智慧的成長，需要在佛學的薰陶下，提升智慧，才能逐漸有成效。

越有佛學智慧的人，就越不容易起嗔心。其實，所有人的成長，都會歷經這樣的過程。每個人都會在自己周圍的人群中發現，某些人特別在意某些事情，特別容易被某些事情激怒，但這些事情若發生在自己身上，卻如不起漣漪的湖面明月般，完全不在意。可以想想自己小時候，可能曾經非常在意某些事情，像是隔壁同學午睡時手肘超過中線，氣得不得了。但長大後卻覺得這

種心思很可笑。這些都是智慧的提升。只要沿著這種成長軌跡繼續走下去，類似這類生氣的事情就越來越少，而且越來越淡。

也就是說，在成長中，智慧會隨著生活經歷而提升。當然，這是在走對方向的時候，有時某些人在成長中方向錯了，內心反而越來越容易憤怒。而佛學可以引導我們往對的方向走，而且可以走得更遠、更深、更快。

以日本上座部佛教協會長老蘇曼那沙拉所寫的《佛陀教你不生氣》這本書中，特別強調佛學如何讓人減緩嗔心的干擾。其中一個重要關鍵在於生氣的背後，常常會有一種執著，「認為自己一定是對的。」然而，認為自己一定正確，實際上就是一種無知的表現。所以，「無知導致生氣」實在是至理名言。

只要我們多一點點智慧，就會知道，要確定自己一定正確其實是一件非常困難的事情。尤其生活中多數觀點，只要思考夠深入，就會發現並沒有標準答案。既然沒有標準答案，如何斷定自己一定正確呢？就算思考無法深入到讓各種觀點動搖的程度，但只要能夠知道其實自己的知識與智慧都很有限，就不會傲慢到認為自己一定正確。在這種情況下，就不容易依據自以為是的標準認為別人做錯了什麼。只要擁有這種無知之知（知道自己所知不足）的智慧，就不容易起嗔心了。更何況，人與人之間很容易誤解。沒有弄清真實狀況之前，所有的憤怒，都是無知、莽撞的。

所以，在日常生活中修行的方法是在每一次生氣時，都回

到內心去尋找，究竟我認為什麼一定正確而導致了這樣的憤怒呢？先把這些自以為正確的標準找出來，並且仔細反思，如果實在找不出問題，建議可以先找學過哲學的朋友聊聊，如果解決不了，可以考慮去學校或社區上個哲學課、或參加哲學活動，直接找哲學家討論，哲學家一定可以告訴你為什麼這個觀點有可能是錯的。如果沒辦法，那恭喜你，你可能找到了一個劃時代的學說，因為，幾千年來我們還找不到這種值得生氣又完全無可懷疑的東西。

　　另外，就算無法確定一定正確，某些觀點還是十分值得信賴。例如，如果看見有人僅僅因為好玩而虐待小動物。就算哲學仍然無法保證這一定是錯誤的行為，但也很難有什麼理論可以支持這種行為。不過，即使如此，問題仍然還有，因為或許裡面隱藏了什麼誤解。會不會並不是為了好玩？會不會其實還有其他我們所不知道的內情？在盡可能不誤解的情況下，在追根究柢之後，往往會看到犯人值得同情的一面。雖然仍舊未必認同，但憤怒總會降低。

　　這是屬於「知」方面的修行，藉由深度思考來懷疑、或甚至否定我們認為理所當然而且容易導致嗔心的想法，進而讓人較不容易持續引發嗔心。

用定力擺脫嗔心的作用

　　除了第一種屬於「知」的修行之外，第二個面向是實踐的功夫，做起來比較困難，但卻是非常重要的一種修行。屬於一種「定」的修爲。

　　依據佛教「三無漏學」的觀點，克服貪、嗔、痴的主要方法卽是戒、定、慧。「戒」是讓自己不要去做某些事情，屬於管控自己行爲的能力。「慧」則是讓自己看清許多事情，屬於讓自己不要製造錯誤思想的能力。而「定」則是不動心，把心定住，不起波瀾，屬於一種管控自己內心的能力。

　　針對嗔心來說，戒是讓我們不要隨著嗔心做出憤怒的行爲。而慧的作用就是前面談到的避面錯誤思考所造成的憤怒。最後，「定」就是要訓練出一種不起憤怒、以及停止憤怒的能力。

　　當我們無論何時、爲了何事而感到生氣時，尤其當情緒衝上了頭難以理性思考的時候，這種時候最容易闖禍，無論說什麼、做什麼，都可能給自己以及他人帶來大麻煩。在這種時候，不僅應該把情緒壓下去，以守戒之心讓自己不要付諸行動，最好還是化解它。化解之道除了訴諸理智以智慧化解之外，還可以控制內心的方法化解，在不思考的情況下直接撫平憤怒。簡單的說，就是不理它、忽視它、放下它，就像洩了氣的氣球一樣，讓怒氣化爲烏有。

　　這種定力乍聽之下像是很不可思議，但從理論上來說是可以鍛鍊出來的能力，佛學修行者平日藉由靜坐就可以練出平息雜念、甚至禪定的功夫。這樣的功夫便可在日常生活中控制嗔心。就以我個人在停止嗔心的實踐體驗來說，這確實是辦得到的。

　　這種能力在平時有小嗔心時就可以開始鍛鍊，比較容易成功，也就比較容易抓到訣竅。生氣時，什麼都暫時不用想，尤其不去想誰對誰錯。這個步驟很重要，尤其當我們陷入某些觀念裡，很容易越想越生氣，只要不去想，就不會繼續挑動情緒。先跳脫導致生氣的思維漩渦，這時會剩下生氣的生理反應，大致上是血脈擴張、心跳加速、頭昏腦脹等感覺。而憤怒的心理狀態會暫時緩和。只要不要讓思路持續激發怒氣，生理反應會自然消退。情緒就如同強風吹過後，只要風停了，樹葉便停止擺盪。

　　這種修行剛開始的時候會覺得一點效果都沒有。這沒關係，不用氣餒，我想每個人都是一樣的。其實人們在學習那些必須透過不斷練習才學得會的事物時，一開始都感覺不到任何成效，還常會有一種永遠不可能學會的錯覺。就像學習騎腳踏車，剛開始總會覺得永遠學不會。但只要持續努力一段時間，就會發現好像有了那麼一點點進步，似乎掌握到什麼還不太明白的訣竅。持續走下去，就越來越清楚，能力也就會越來越強。這類知識，在哲學上通稱為「實踐型知識」，必須透過實踐才學得會的知識。

這種可以用來控制瞋心的實踐型知識所展現出來的能力，類似一般我們稱爲ＥＱ的能力。而這樣的能力鍛鍊，在學佛的修行過程中是非常有用的基本功，因爲這讓我們的心更加自由。沒有一顆自由的心，就無法眞正走向更深度的修行。

以內觀停止瞋心

除了定心的修行可以用來停止瞋心，蘇曼那沙拉認爲「內觀法」也可以用來停止憤怒，內觀法也就是佛陀所傳的「**觀照當下的身心**」。也就是生氣的當下，看見自己的生氣，就仔仔細細的去觀察自己內心的生氣，「原來這就是生氣啊！」「原來生氣會有這種很過份的想法啊！」「原來生氣時心跳會加速。」諸如此類，越是認淸內心的各種變化、感受、想法，憤怒之心就越容易煙消雲散。定心與內觀法兩者其實可以並用。因爲如果沒有足夠的定心，在憤怒時其實也很難內觀，至少先讓自己接管內心之後，才能指揮自己內觀。

然而，人們常有一個錯誤觀念導致自己不願放下憤怒。那就是我們誤以爲憤怒就是在懲罰對方。如果不生氣，不是便宜對方了嗎？我爲何要這麼辛苦修行爲了對方著想呢？但這很明顯是錯誤觀念，因爲你的生氣不會帶給對方任何影響，相反的，生氣時很不愉快，懲罰的是自己。若眞想要懲罰對方，或是眞有此

一必要，完全不用靠生氣，應該靠理智。尤其教育者更應注意，生氣時的教育通常容易導致更糟的後果。不起瞋心而思考教育方法後才去處罰犯錯者，往往更能達成目標。所以能夠讓自己不生氣的能力，其實反而更能找出最好的回應方式。

如果生氣是希望對方怕你，那麼，試著想想看，當我們遇見一個該生氣卻不生氣的人，不知他內心想些什麼時，是不是更可怕呢？

⊕ 看見痴、化解痴

　　「痴」，簡單的說就是不明事理，也就是佛學常說的「無明」。但要化解這個苦的根源很困難，最難的地方可能就是起步，「發現它！」因為，沒人覺得自己不明事理，不明事理的總是別人，不會是自己。也就是說，以追求個人成長而言，「痴」的問題很難被看見。看不見問題，就不可能解決問題。

從理智知道自己的痴

　　想要真正看見自己的痴很難，但若只是達到「推測自己可能有此問題」倒是比較簡單。所以，可以先從這裡作為出發點。就像懷疑自己生病的人有較強的動力去做仔細的身體檢查，也就比較有機會發現問題。

　　首先，我們如何判斷自己是否有「痴」的問題呢？以佛學來說，除非已經到達最高標準的「成佛」階段，否則沒有人是真

正完全明白事理的。所以，不用懷疑，只要尚未成佛，所有人都有不明白的事理，只是程度有別而已。先知不足，才能踏進未知世界。那要判斷自己是否已經成佛，也很簡單，就看自己是否還有煩惱，若有，那就還沒成佛。雖然尚未看見自己的無明，但相信內心有無明的存在，就有比較強的動機去尋找它們，這就是一個好的起步。

然而，即使我們為了學佛而相信自己不明事理，對自己在「痴」方面的進步仍舊非常有限。如果只是「相信」而不是「看見」自己的無明，就無法真正解開困局朝向明白事理的方向努力。但是，要看見自己不明白事理，屬於認識自我中很重要的一個部分，其本身就很難達成。這也是西方哲學家蘇格拉底非常強調的「無知之知」的智慧。

蘇格拉底「無知之知」的智慧

蘇格拉底認為知道自己無知，是很重要的哲學智慧。但這裡所謂的「無知」，不適合解讀成「什麼都不知道」。我們明明學會了很多知識，為何要說自己什麼都不知道呢？有人說這是因為蘇格拉底很謙虛。但這種謙虛過度矯情，而且說詞與事實明顯不符，不太像是以追求真理為目標的哲學家會有的主張。

「無知」在此比較好的解讀是，每個人都有對某些事物實

際上不懂但卻自以爲很懂的時候。去看見這個內心層面，就是一種無知之知的智慧，也就是看見自己原以爲很懂但實際上不懂的能力。只要有一天可以發現一個，就會知道仍然有很大的機會還有其他未被發現的無知，到了這個地步，就會對自己的「自以爲懂」產生戒心，當心又是一個自以爲是的無知。

這種無知充滿在社會上每一個角落，我們很容易看見別人的這種心理現象，尤其針對自己的專長來說，很容易看見別人的無知卻自以爲是，但是看見自己的卻很難。

舉例來說，大多數父母都有一套父母經，認爲小孩就應該如何如何，然後依據這些觀點教育小孩，即使都已經達到反效果、甚至產生親子衝突了，還對自己的父母經充滿信心。請問這個信心究竟哪裡來的？

即使是眞正的教育專家，遇到衝突時，也會立刻反思自己的教育理念或是教育方法是否錯了。但絕大多數可能連教育理論都沒讀過的父母，究竟爲什麼對自己的想法有這麼大的自信心呢？

另外，我們可以看到網路上不同政治立場的人互相攻擊叫罵。然而，他們在日常生活中大概沒有一個是壞人，可能都和善對待身邊的親人朋友。那爲何在網路上有這樣的表現呢？那是因爲他們對自己的「政治正確」充滿信心，因而認爲對立方罪大惡極。然而，這個信心究竟是哪裡來的？是思考能力很強的哲學

家？還是對政治有深入研究的學者？絕大多數都不是。而且即使是哲學家或政治學家，在學術論壇上，也沒人有這麼強的自信心。

所以，很明顯的，這些自信並非來自於具有權威性的知識，而是來自於無知。而且由於不知道自己的無知，才會有這麼強的自信心。這種無知之知的缺乏，容易導致沒有任何價值的衝突與禍端，是生活中很主要的煩惱源頭。學習去看見自己各方面的無知，就可以擺脫各種無明，進而離苦得樂。

針對尋找這種無明的方法，「自信心」是很重要的線索。當我們對某件事物很有自信時，想想看自信來自於具有權威性的專業知識，還是只是半瓶水響叮噹、一知半懂的無知之心？如果只懂一點點，就只該有一點點的自信心；專家才該有專家等級的自信心，但專家知道自己有可能會錯，所以自信心常常也不太強。只有無知者，才會表現的像神一般，覺得自己不會錯。看見自己的自信和具備的知識等級不一致時，就須警覺了。

無明的不同層次

想要從根本起步來跳脫無明，可以把無明分成兩個層次。第一個層次類似西方的邏輯與批判性思考，相較之下屬於比較簡單易懂的部分。但其實也不算容易。第二層次則是佛學較重視

的屬於對事物本質的錯誤認識。這個層次也是人心蛻變的關鍵，屬於更高深的智慧。多數佛學經典也專研在這個領域，學習難度較高。

當我們閱讀佛學感到很高深、看不懂時，除了專有名詞的障礙之外，大多是因為佛學在講的，其實已經跳脫一般世俗的世界觀，以一種完全不同的角度在看世界，當我們無法跳脫現有的世界觀，就不可能了解這些佛學思想。

然而，要跳脫「痴」的痛苦源頭，還是必須從第一個層次的改變為起點。這個部分，學習西方邏輯與批判性思考很有幫助。

學習邏輯與批判性思考克服第一層次的無明

簡單的說，人們天生的邏輯思考並不完美，有很多漏洞，容易產生一些似是而非的推理而不自知。當我們依據這些錯誤推理形成的錯誤知識過生活，就容易導致禍端，帶來痛苦。所以，學習辨識這些似是而非的推理，提升敏感度，發現時避開它們，就能相當程度避免製造禍害。

哲學家們把這些似是而非的推理稱之為「謬誤」，然後利用謬誤的特徵分門別類，透過這些特徵，培養在日常生活中偵錯的敏感度，也就是提升所謂的偵錯神經，就可以防止謬誤來作

亂。

　　日常生活中的常見謬誤有前面談到過的「以偏概全」，以偏概全的特徵就是「以少數來概括多數」，只要我們發現自己正在以少數來概括多數的推理，就可以發現自己正在做錯誤推理。當然，錯誤的推理不必然推出錯誤的結論，但只要我們發現錯誤推理，就可以更謹慎思考，以避免錯誤結論。

　　生活中另一個最常見謬誤是「輕率因果連結的謬誤」，這個謬誤的特徵是「輕率地以一個因，去連結一個果。」當我們發現自己正在做因果連結的推理時，就可以再思考看看，這樣的因果連結是否過於輕率。舉例來說，有一天我感冒了，我就想到前一天有個感冒的學生來問我問題，所以很直覺的認為，「我被他傳染了」，而後起了嗔心，開始覺得老師這個職業真不好做。

　　然而，這時我突然發現我正在做一個因果推理，也就是把「我被學生傳染」當作因，來連結「我感冒了」的果。然而，這樣的因果連結是否過於輕率呢？當時學生全程戴著口罩，而且談話時間也沒有很長，還是在通風良好的走廊上。在這種情況下，好像要傳染並沒這麼容易。另外，昨天講完今天就感冒，只有不到一天的潛伏期，看來機會也不太高。當然，並不是說這樣的因果連結一定是錯的，它一樣也有可能，但仔細想想會發現這個推理很輕率，越是輕率的推理，錯誤率越高。所以，有了這樣的警覺心，反而可以好好重新思考感冒的真正可能原因是什麼。

例如，說不定是因爲我前幾天在還沒洗手的情況下用手拿餅乾吃所導致。如果可以找到更合理的原因，就越可能是眞相，改變習慣後就越能獲得更有效的預防。這才能眞正離苦得樂。

生活中的謬誤很多，如何培養辨識力以及提升偵錯神經，這是一門很值得談論的話題，但因爲內容太多了，這個部分我就不在這裡多說。有興趣可參考我寫的《邏輯謬誤鑑識班》、或是《是思考，還是想太多》兩本書。另外，在「一號課堂」的手機音頻課程中也有《破解神邏輯，人生不犯錯》這堂課程，都有相關的詳細說明。

佛學著重於更深層次的痴

那麼，我們來談談第二層次的「痴」，也就是較有深度的不明事理。佛學有著跟一般常識很不一樣的人性觀與世界觀。人性觀指的是看待人性的方式。依據佛學看人和依據常識看人是很不一樣的。世界觀指的則是看世界的方式，我們習慣看待這個世界的方式，也和佛學大相逕庭。

學習佛學其實就是在學習新的觀點，但學習新觀點和學習新知識不同，學習新知可以以舊有的知識爲基礎來學習，但學習新觀點則是一種整體知識的革命，是一種必須根本除去舊觀點後用新觀點取代的學習歷程。就像是在海上完全拆掉舊船去造新船

一樣困難。而要根本除去已經習慣的舊觀點這件事情本身就是最難的步驟。這個困難也是執著所導致。

然而，這裡會有個哲學問題，一旦我們真的成功除舊換新，由於原本的知識基礎已經被除去了，在沒有任何知識基礎的情況下，又如何知道新的比舊的更接近真相呢？針對這點，佛學基本上認為，只要可以真正掌握新觀點，便會自然覺得這才是真相。這種發現真相的認知歷程稱之為「智的直覺」。就像偵探在一片迷霧般混雜的線索中，突然看見一條貫通的思路時，靈光閃現，迷霧散去，看穿人世間的一切，於是哈哈大笑，無限歡喜。毫無疑惑。到了這個地步，才算是讀懂了佛學。有人會稱這種狀態為「悟道」，但實際上，佛學中的悟道可能有多重含意，所悟的道也可能有不同的等級。

但無論如何，如果人們真的可以轉換這種新的觀點看世界，就擺脫了原本舊有的、會帶來痛苦的觀點，就是一種解脫、一種開悟。但是，光是學習到這些觀點的文字表達其實是沒有用的，因為這種學習只是在現有的知識基礎上加上新觀點，這時的新觀點是被舊觀點扭曲的。要懂佛學必須真正體悟才行，體悟就是真正領悟了新觀點而完全放下了舊觀點。

舉例來說，佛學裡有幾個常常被提到而且非常關鍵的概念，像是「一切皆空」、「無我」。在習慣有我的舊觀點裡談「無我」是沒有意義的。在日常習慣於對應萬事萬物的舊觀點裡談「空」

也是沒有意義的。必須讓心思真的拋棄有我觀，進入無我與空的世界，直接站在新觀點的位置上親眼目睹，才算領悟佛學。

轉換新觀點遠離貪嗔痴

既然一切皆空，還有什麼好貪的、有什麼好嗔的、甚至是非對錯又有何關係？貪、嗔、痴又有什麼關係？既然無我，還能貪什麼？嗔什麼？痴什麼？沒有了我，誰在貪？誰在嗔？又誰在痴？

如果我們可以體悟一切皆空與無我的智慧，就轉換了新的世界觀。

在新觀點中，貪嗔痴本身就已經從根本消滅了，也不用學習如何觀看、止息、也不用學習邏輯與批判性思考。就像《心經》主張「無無明」（沒有什麼是真的可以叫做不明事理）的智慧一樣。

在初級層次的佛學主張裡，無明是苦的根源，但從更深的層次來說，無明本身也是不存在的。能看破無明，便會發現痛苦與煩惱本身就是空的，也就是說，這些苦的根源根本也不是真實存在的事物，能到此一階段，煩惱與痛苦、以及煩惱與痛苦的源頭，全部煙消雲散。

但是，光是聽聞這些觀念無法起任何作用，必須真正讓智

慧進入這些觀念領域裡，體悟它們，才能真正發揮作用。類似這種學習，是佛學裡面最困難的部分，但也可以說是最重要的部分。但大多數人想學也抓不到門徑，通常必須有真正已經領悟這些智慧的禪師依著不同弟子的屬性循循善誘，才能引導出深刻的智慧。

那麼，學習佛學應該直接以領悟這較深層的智慧，還是循序漸進，從修行貪嗔痴做起呢？這大概也是佛學史上所謂「頓悟」與「漸悟」的爭議。我個人認為這其實也沒什麼好爭的，因為兩者並不衝突，一起追求完全沒有問題，而且漸悟的修行也有助於頓悟，頓悟的修行也有助於漸悟，在這種情況下，去思考哪一條路比較好也只是自尋煩惱而已。

即使針對這種較為深刻的佛學，西方哲學在兩千多年的發展中，也產出了一些類似的觀念，藉由容易表達的西方哲學觀點的輔助，將有助於學習佛學中的大智慧。這部分將會在後面幾章陸續討論。

十二 何謂「無我」？
既然無我，爲誰學佛？

「貪、嗔、痴是苦的源頭，解除貪嗔痴帶來的內心紛擾則是離苦得樂的根本之道。」這個說法，是比較容易理解的佛學主張。當然，也可以說是正確的觀點。但佛學有不同層次的想法，越深的佛學，就越難體會。

在更深入的佛學思想中，貪嗔痴並不是苦的最根本源頭，在它們背後，還有個更原始的起源，叫做「我」。而佛學主張「無我」。簡單的說，這個作爲苦的最根本源頭的「我」，並不存在。因爲「我」不存在，所以苦的源頭也不存在。

說到這裡，多數人都會好奇想問，「如果苦的源頭不存在，那苦究竟哪來的？」答案是，苦根本也不存在。苦，本身就是虛妄的東西。了悟了這點，就直接通往離苦得樂的終點了。

也就是說，如果可以體悟出無我，基本上貪嗔痴的干擾就不見了，因爲貪嗔痴都必須依附在「我」的基礎上才能作用。沒有我，就不會有我的貪嗔痴。所以，如果有人可以根本上體悟

無我，貪嗔痴就自然止息了。就算沒有完全止息，至少也會失去對生活帶來紛擾的影響力，不再導致痛苦。這種因為對「我」的執著而帶來的苦，是在苦的分類中的第三種，「執著之苦」（行苦）。這也是佛學最主要探討的部分。那麼，我們該如何體悟無我呢？

其實在追問如何體悟無我之前，或許我們更想問的問題是，「我真的不存在嗎？這會不會太扯了呢？」在這個大哉問上，西方哲學倒是可以幫上大忙。因為無獨有偶的，西方哲學也有類似無我的主張。

休莫對自我的懷疑

十八世紀英國哲學家休莫（David Hume，1711～1776）對自我的存在表示懷疑。休莫主張，當我們宣稱任何事物存在時，必須要依賴我們的各種經驗。如果我們無法經驗到這樣東西，自然就必須懷疑它了。例如，我看到前方一棵樹，因此我主張這棵樹存在。當我用望眼鏡看到天空遠方的一顆紅色星球，因此我主張這顆星球存在。當然，不一定要用五官去經驗，感覺也可以。當我感受到快樂，我知道快樂的感覺存在。但是，我經驗到什麼可以用來主張我存在呢？我們可以經驗到自我嗎？如果可以，自我是感覺什麼？也就是說，我們如果可以經驗到自我，

那我們所經驗到的究竟是什麼東西？

　　從日常生活中來看我們可以經驗到各種喜、怒、哀、樂等心情起伏，但這些都只是自我的感受，並不是自我本身。我們還可以經驗到內心許多想法，但這些是想法的流動，並不是自我。那麼，自我究竟在哪裡？

　　或許我們會說，當我們經驗到喜怒哀樂時，或是當我們經驗到想法流動時，這些東西的背後有一個擁有者，而這個擁有者就是自我。這個說法很好，但這個擁有者是哪裡來的？我們真正經驗到這個擁有者，還是只是想像一個擁有者在經歷這些東西？這個擁有者實際存在、還是我們無意間虛構了它？

　　如果我們試著停止想像每個想法與感覺背後有個擁有者，想像這些想法和感覺都只是如雨後春筍般獨立冒出來的東西。如果可以經歷這個視界，便會發現，當我們不再想像喜怒哀樂背後有個擁有者時，這個擁有者就煙消雲散了。就像我們觀看他人的喜怒哀樂，我們也會想像一個擁有者在喜怒哀樂，但對於這個擁有者，我們單純只是想像，沒有實際上的經驗。這些東西背後是否真有一個自我在那裡，誰也不知道。當我們觀看動畫時，可以被其中的情節感動，我們一樣也會想像這些動畫角色背後有一個擁有者存在，但其實什麼都沒有。

自我的想像帶來苦

　　也就是說，「自我」實際上有可能不存在。但在日常生活中，關於自我的觀念製造了很多的困擾與痛苦。例如，如果有人當眾罵我，我會覺得很沒面子。這時，在我的想像中，有個東西被羞辱了，而這個東西，就有可能只是一個虛構出來的我，實際上沒有任何東西可以被羞辱。但我們誤以為有，被罵的人覺得有，罵人的人也覺得有，然後吵成一團。但仔細去想，究竟什麼東西被羞辱了呢？

　　最簡單的檢驗方式就是，如果我的修行不錯，完全不覺得被羞辱了。在這種情況下，還有任何東西被羞辱了嗎？如果我不覺得被羞辱，就沒有東西被羞辱。那意圖羞辱我的人究竟做了什麼有意義的事情？他到底意圖羞辱什麼？如果我覺得被羞辱了，那我就是被羞辱了。羞辱與否完全取決於我的想像，我想像有就有，我想像沒有就沒有，那這樣的東西不就只是一種虛構的存在嗎？

　　當我穿上名牌的時候，自己覺得很高貴。當我在臺上接受掌聲時，自己覺得很受歡迎。如果我的心靈夠自由，我也可以穿著破舊而自以為高貴，也可以在臺下一陣噓聲時感到驕傲。如果我們不理會社會上的各種價值觀，就沒有這些束縛。那麼，這樣的「我」並不具有一個實質上的存在特質。如此一來，我們

常常談到的我，究竟是什麼樣的一種存在呢？

自我只是一串經驗流的集合

　　休莫認為，「**所謂的自我，其實就是一連串的經驗流。**」這個說法並不好理解。我們可以試著用燃燒中的火焰為比喻來解釋這個主張。當我們說「這一團火」時，指的是什麼？我們先來分析這一團火中到底有哪些東西。首先需要有被燃燒的東西，假設是一堆集中在一起的木頭，而這堆木頭正在燃燒，燃燒的火焰聚集在一起，形成一團火。所以，實際上這一團火是好幾個不同的火焰集合而成的。而每一個火焰，都瞬間即逝，新的火不斷冒出來，直到木材燒光或被澆熄為止。那麼，從這一團火的生滅來說，究竟什麼生、什麼滅？

　　如果我們仔細推敲，會發現並沒有任何一個個別的火焰以及其他組成份子可以代表這團火，木材不行，空中的熱氣也不行，而且這些甚至根本上都不能算是火。當我們把這些都剔除之後，會覺得「這團火」的內容已經空掉了，沒有任何其他東西還在裡面。也就是說，並沒有任何一樣東西可以代表這一團火。這一團火，只是一個在某個時空背景下巧合聚在一起不斷出現的許多火共同形成一個延續現象的產物。我們雖然把這個延續現象稱之為「一團火」，但實際上它並不適合被當作「一樣東西」，

而這被我們當作一樣東西對待的存在方式則是虛構的存在。

　　用另一個比喻來看，這一團火也像是夜市裡的一群人，這群人來來去去，保持一個延續性，從開始聚集到散場為止，這段生滅過程，到底生了什麼、又滅了什麼？到底「一群人」是什麼樣的一種存在呢？它只能算是一個聚合的現象，不適合當作一個存在事物。

　　當我們用這樣的觀點來反思自我時，會發現我們每一個想法、情感，都像是一個小火焰，這些火焰全部聚在一起形成一個短暫的自我，而這些短暫的自我不斷出現而具有一種延續性，這樣的延續性從生到滅，就造就出一個自我的想像。但在這樣的想像裡，我們是否可以找到一個恆常的事物用來支持這個自我的存在呢？也就是說，在這些經驗流的背後，是否存在有一個恆常的東西，可以做為自我的存在基礎呢？

　　事實上沒有，或至少可以說看不到。或許有人會說，「看不見不代表沒有。」這個想法很好，因為把看不見的都當作沒有，屬於一種謬誤推理，稱之為「訴諸無知的謬誤」。但問題在於，既然看不見，那平時我們思想中的那個自我，究竟指涉了什麼？不管這些情感、思想的聚合現象背後是否存在一個自我，至少我們無法看見，那麼，當我們以為喜怒哀樂的背後有個自我時，這個讓我們自以為存在的自我也不會正好就是那個看不見、不了解的真實自我，而只能是一個虛構的存在。就算有個真實的

自我，也不會如此碰巧就和我們所虛構出來的東西一模一樣。

　　也就是說，在生活中我們習以爲常的那個自我，其實是虛幻的。這個虛構的自我，其實就像火焰、人群、河流一般，只是一種因緣聚合的現象，不能算是一個存在事物。

芭蕉樹層層剝開，裡面是空的

　　聖嚴法師在《完全證悟》這本書裡用一則非常生動的佛經故事來談論無我的修行。他說，**尋找自我就像尋找芭蕉樹的樹幹一樣，一層一層剝開，剝到最後卻什麼也沒有**。所以，只要在內心中找到任何東西，都像是芭蕉樹的皮一樣，可以當作妄念而拋棄，都不是眞實的我，甚至包括成佛的念頭在內。

　　我們每一個內在知覺，像是各種喜怒哀樂、想法、念頭，都像是一層芭蕉樹的皮。雖然這些內在知覺都屬於我，但我們不認爲這就能代表「我」，就像我們不認爲那一層表皮就可以代表芭蕉樹一樣。我們認爲「我」在這些知覺的更裡面，就像芭蕉樹在這層皮的更裡面一樣。然而，當一層一層被剝開，最後卻發現裡面什麼也沒有。如同當我們仔細思考各種知覺的背後來尋找自我時，最終也會發現裡面是空的。

　　在這種情況下，我們可能會說，「我」就是這些知覺的總和，

就像芭蕉樹就是每一層皮的總和。但這說法也不對。如果芭蕉樹皮分散在地上各自獨立，也不會變成芭蕉樹，它們必須正好一層一層接在一起，才會形成一棵芭蕉樹。所以，「我」也不是我的知覺的總和而已，而是在某種因緣聚合的情況下，形成一股特定的連續性，才能形成「我」。而這個我，就在不停的因緣聚合中變化，背後並沒有任何實質的東西。但即使如此，它並非無物，而可以說是沒有實質存在體的情況下，由許多稍縱即逝的東西一直不斷連續的呈現，在某個因緣聚合的力量匯集中，所形成的東西。這種屬性，也就是佛學裡常說的「空性」。當我們說「無我」、「我是空」，意思就是如此。而這股因緣聚合的力量，則是廣義的業力。

透過靜坐證悟無我

當然，說不定內心深處並不是一無所有，只是有些東西無法簡單被發現，或者只是我們看不見，並不是不存在。這時，我們就必須訴諸實踐體證，透過深度內觀，強化我們可觀察的領域，看看是否可以在更深度的內心世界中找到那個真正可以做為自我的獨立存在體。

從靜坐的內觀經驗來說，當我們的雜念完全沉下去之後，試著回頭尋找那個正在思考的我。依據各種經典記載，我們將會

發現那裡空空的，什麼都沒有。就像剝完芭蕉樹皮一樣。除去了七情六欲與各種思維，根本就沒有一個「我」在那裡，可以用來做為所有這些東西的根本載體。

「我」的執著是從哪裡來的？

那麼，這時我們可能會好奇想問，如果真的沒有我，我們是如何構造出這個虛假的「我」呢？

以萬花筒的比喻來回答這個問題最好，當我們看著萬花筒裡形形色色不斷變化時，很容易可以看到裡面有一朵最主要的花，它不斷變化顏色與形狀，甚至還會變成好多個分身，但我們會覺得有一個東西存在著。然而，這當然是錯誤的，實際上沒有這種東西，但我們的思維很容易在這些萬般變化的世界中，建構一個主要的主體，因為一開始就把它當一樣東西看待。

我們也是一開始就把所有七情六欲與各種思維統合起來當作一樣東西，然後以這樣東西為中心在過生活，一個承接所有情感與思維的主角，於是，我們編造出一個「我」的概念，而這個「我」就開始有了它的存在地位。它需要自尊、需要被重視、需要被感激、需要成就感、需要被支持；它會緊張、會恐懼、會愛、會恨。當我們逐漸建構出這樣的一個關於「我」的想像與觀

念之後，也就造出了一個「我存在」的世界觀，而且這個世界以「我」爲中心，我們開始深刻在意這個「我」。久而久之，當我們已經太習慣有我存在的思路而難以跳脫時，就陷入了對「我」的執著，於是揚起各種關於「我」的煩惱。

當我們放下這個虛假的我，各種緊張、恐懼、愛、恨，七情六欲仍舊會出現，但就像電影上演一樣，它們隨風而起，與塵埃齊落，就只是如此這般的存在。

除去假我，是否還有真我？

簡單的說，作爲一個思考對象、煩惱根源的我實際上是虛幻的存在。如果可以體證這點，就算是某種程度的擺脫了會導致痛苦的「我執」。但是，從另一個角度來說，是否還存在一個無法發現、也不太會帶來痛苦的自我？如果有，又是什麼樣的一種存在？還是說，一切皆空，它也一樣不存在？

佛學在此其實並沒有一致的觀點。確實有佛學理論認爲背後什麼也沒有，像是中觀學派。但是，佛學基本上主張輪迴，如果一切都只是因緣聚合的現象，沒有一個恆常的「我」，那是誰在輪迴？所以，總該有個可輪迴的東西作爲「我」的最根本存在物吧！確實有佛學理論這麼主張，像是唯識學。但唯識學所談的那個叫做「阿賴耶識」的根本意識，也不是一個可以獨立自存的

自我，它比較像是那個會引發關於「我」的因緣聚合的那股力量，有了那股力量，才能形成「我」，但所有一切跟我相關的聚合事物，都轉眼即逝。從這角度來說，這個根本意識和所謂的空性，或許也沒什麼差別。

這問題討論到這裡，已進入到很高深的佛理討論，這些理論方面的論戰對於「離苦」未必有幫助，但如果喜歡思考這類問題，想要探問人的本質，這些問題其實非常有趣，對於「得樂」或許很有用。但如果對這些問題並沒有興趣，那就不用特別去鑽研這些學問了，因為它像哲學問題一樣並沒有標準答案，硬要探究只會徒增煩惱。

如果無我，為誰學佛？

在「無我」的議題上，常常會有一個疑惑：「既然沒有我，為何要學佛？為誰學佛？」這是一個很有趣的問題，因為學佛的最主要目的之一就是離苦得樂，離苦得樂當然是離我的苦、得我的樂，如果根本就沒有我，那還離什麼苦和得什麼樂呢？

這個解答也很有趣，因為它們幾乎全攪在一起了。簡單的說，學佛其實就是要認清無我，而無我其實就是離苦得樂的主要關鍵點。一旦了解了無我，就不用學佛了，也可以說就學完了，因為已經離苦得樂了。但那究竟是離誰的苦、又得誰的樂呢？

　　這兩個問題的解答倒是不太一樣。我們可以說是離我的苦，因為那個身陷苦中的我是虛構的存在，當我們認清了這點，我和苦一起脫離了。所以離了苦，也同時離了我。但是，在這個層面上還有樂嗎？依據佛典記載，無我的體驗是充滿喜悅的，所以還是得樂了。只不過這種得樂並不是依賴在原本虛構自我的快樂。那種快樂屬於「快樂消逝之苦」（壞苦），也是苦的來源之一。但無我之後體驗的樂，並非此類。

　　那麼，這時我們會想再問一個哲學問題，「這種真實的喜悅，是誰的樂？難道不是我的樂嗎？」這個問題很容易帶來混淆，我們確實可以說是「我的樂」，但此時的「我」，和原本虛構的「我」是不同的，屬於另一種存在方式。這種存在方式並沒有一個根源性的存在體，屬於在因緣聚合的情況下，像河流持續流動、火焰繼續燃燒般的存在。這個存在就是那流動著的喜悅之水、燃燒著的光明之火。

　　這層自我的意義，必須透過無我的觀想來認識。這個認識過程就是修行。當心思能夠完全擺脫原本虛構的自我，全然活在這種充滿喜悅與光明的自我時，就是學佛的終點站。

獲得新經驗，才能獲得新智慧

　　然而，這一切的思考與討論都屬於「理」的層面。從理的

層面認識無我，可以從認知角度減少對自我的執念。但是，最後真正要認識到無我，還是必須透過直接的體證過程。這意思是說，我們還是必須親眼見證無我才能眞正了解無我。

舉例來說，假設多數人都沒見過紫色，只有透過特別修行的少數人可以看見紫色。那麼，看見紫色的人可以從理的角度說，「紫色介於藍色與紅色之間。」或說「紫色就是紅色與藍色的混和體。」但沒見過紫色的人無論怎麼思考，都只能旁敲側擊的想像，無法眞正窺視紫色的奧秘。如果修行人說，「紫色感覺很神秘。」人們可能會導出許多複雜的理論，討論平靜的藍色和熱情的紅色如何製造出神秘的紫色。可能有人會寫出一篇很有道理的論文，主張平靜和熱情是衝突的情感，當衝突的情感混和在一起時，就容易製造出神秘感。就像如果有人一會兒冷漠又一會兒熱情，就會讓人覺得這個人很神秘。然而，這類學術研究雖然聽起來好像很有道理，但可以說是誤入歧途了，對於可以看見紫色的人來說，只能莞爾一笑，不置可否。

有一天，我和中和南山放生寺的演日法師討論到這個話題，針對這個無我觀的火焰比喻，他以其豐富的實修經驗告訴我，**「當火熄滅的時候，就可以看見無我。」**由於我們把火焰比喻成各式各樣的情感與思想，火焰熄滅的意思就是這些情感與思維都沒有了，但是那個意識的持續性卻仍然存在，這也就是一般稱之爲「純粹意識」的東西。

　　在西方哲學中，一般認為意識必須有被意識之物，這個性質有個特別的名稱叫做「意向性」，意思是說，意識總是有個方向，朝向某個內容。如果沒有內容就不會有意識。但這個觀點屬於沒有修行狀態下的觀察，一旦經歷修行，可能會有超乎平常的經驗，而這種火焰熄滅的純粹意識，就是修行體證無我的最重要歷程。有了這個體驗，才真正證悟無我。就像看見紫色後，才能真正了解紫色。一切旁敲側擊，都無法真正見道。

何謂「一切皆空」？

　　卽使是沒有學過佛學的人，大概也都會在電視劇中聽過「一切皆空」的說法。因爲一切皆空，所以我們所在意的、追求的，其實都只是一場空。在這種觀念下，放下一切，也就離苦得樂了。

　　當然，這話聽起來似乎很有道理，但光只是聽到這樣說是沒有用的。這就像是比賽前大多數人都會很緊張，這時常會聽到有人勸說，「不要緊張」、「緊張沒有好處」、或甚至是「放輕鬆點」。雖然這樣講很對，但卻沒用。每個人都知道緊張不好，也不想要陷入緊張的情緒裡，但想要放鬆下來，談何容易？如果眞要幫助那些很緊張的人，比較好的說法或許是，「成敗都無所謂，不用放在心上。」這樣說可以降低得失心，或許會有點用處。但要放下原本很在意成敗的心情其實也不容易。但只要能轉換成功，應該眞的就比較不緊張了。

一切皆空是酸葡萄觀點嗎？

然而，從哲學的懷疑精神來思考，一切皆空的觀點看起來像是一種消極面對生命的態度。類似酸葡萄心理。把自己期待的都否定掉，就不會有追求不到的痛苦了。就像有人失戀了，就開始否定舊情人，把對方想得很糟糕，藉此獲得安慰。但是，用過都知道，這種方法最多只有短期療效，無法治本。關鍵點在於，這些酸葡萄的想法是錯的，只是自欺欺人而已。

但是，佛學並不認為一切皆空的想法只是一種自欺欺人的自我安慰療法。而是看清事物真相的一種覺醒。因為看見一切皆空，就沒有什麼是非要追求不可的了？在此觀念下，由於無法獲得某些事物或是失去某些事物的痛苦就不容易會有。所以，了悟一切皆空可以協助我們離苦。但要如何得樂呢？要達成離苦得樂的目的，除了放下之外，最好還能包含積極的生命喜悅，才能活出一個自由燦爛的人生。

一切皆空並非主張什麼都沒有

要達成這個目標的第一步，必須在理性上真正了解這句話，並且至少先在理智上接受它，慢慢就會變成一種人生觀。那麼，我們來探討一下，「一切皆空」是在說什麼？

　　首先，最重要的是「空」這個字。「空」這個字很容易被理解成什麼都沒有。就像我們走進一個房間裡，發現這房間裡什麼都沒有，於是主張這房間是空的。這個意思，其實不太適合用來理解佛學所說的「一切皆空」。不然這就等於佛學主張世上什麼都沒有。這是很奇怪的主張。這世界上明明有很多東西，為什麼要說什麼都沒有呢？

　　如果世上什麼都沒有，那我們在世上的欲望與追求當然就很沒意義了。所以，如果真的相信世上什麼都沒有，確實有離苦的效果。但是，由於「世上什麼都沒有」的理解是很荒謬的，這種荒謬的理解不可能真正打入內心深處，也就無法發揮作用。

　　佛光山的星雲大師也在《人間佛教》這本書裡特別強調，**把佛教講的「空」理解成什麼都沒有，實在是對佛教莫大的誤解**。他以「真空生妙有」來解釋，「空」其實是佛學裡主張的事物本質，而這本質卻是一切的源頭。

　　如果用西方哲學家亞里斯多德的話來解讀，這種空就像是一切現實在生出之前的潛能。它本身雖非現實的存有，但卻是一切存有的根基。

　　所以，「空」並非什麼都沒有的意思。佛學認為一切皆空是主張世上一切都沒有「恆常性」。這個恆常性的說法很接近我們前面談論的那個做為對象的自我。我們找不到在「自我」的觀念中，有什麼恆常的存在。一切都如同眾多個別火焰的因緣聚合

而成。所以「無我」的意思也就是「我是空」、或「我具有空性」的意思。

一切皆空不適合理解成一切皆非永恆

那什麼叫做恆常的存在呢？舉例來說，假設我們可以在人體中發現靈魂的存在，而且這個靈魂是恆常的、不滅的，那麼，我們可以說，自我就是這個靈魂。但實際上我們目前無法確認這種靈魂的存在，所以也很難宣稱自我的存在。

那麼，針對眼前的任何一個物品來說，它們都是空的嗎？「一切皆空」是不是包含世界上一切存在事物呢？舉例來說，我眼前的這部電腦，它是空的嗎？

許多學佛的人似乎都保持這樣的看法。因為物體不是永恆的，所以也是空的。但是，在我思考這個觀點時，一直難以苟同。當然所有物體都是會崩壞的、不是永恆不滅的，但套用在此處的「空」的意義，和談論自我的「空」的意義是不同的。在談論無我時，我們發現「自我」這個詞彙很難指涉到任何一個比較具體的存在，就像在談論廣場裡的人群一般，這個概念本身就是空的。

但是，當我們在談論一個具體物體時，例如，我在海邊浮潛時撿到一個黃金鑽戒，假設我起了貪心，很想將之據為己有，

但又擔心被抓到，於是產生了煩惱。這個時候，這個黃金鑽戒是否是永恆的於我何干呢？就算它在一百億年後會毀滅。那又有什麼關係？它現在就實實在在的在那裡，明明白白的被指涉，它就是黃金鑽戒，黃金鑽戒就是它，擁有它可以帶給我快樂，或是賣掉它可以換來金錢，這些都對我有利，就算它不是永恆不滅又有什麼關係？它仍然很值得追求，不是嗎？所以，從這角度解讀「空」，就算正確，對於離苦得樂的意義也不大。

一切皆空是唯心論觀點嗎？

另一種「一切皆空」的解讀是把佛學看做一種類似西方哲學的唯心論。唯心論主張這個世界所有物質都只是虛幻的存在，並不真實。只有心是真實的存在。「究竟佛學是不是唯心論？」以及「屬於哪一種唯心論？」這些都是很有趣的哲學問題，如果有興趣都值得探索。但回到離苦得樂的角度來看，我們會發現無論佛學是不是一種唯心論，在這個點上都無法帶領人們離苦得樂。就算物質是虛幻的，但為何不可追求虛幻的事物呢？就像在《駭客任務》的影片裡，電腦人特工給反叛者塞佛的獎賞之一是在虛擬世界中吃一頓好吃的牛排餐，這時正在享受美食的塞佛說：「我知道這是假的，但我就是喜歡它。」也就是說，無論唯心論是否是對的，至少我們的感受都是真的，而這也就已

經有足夠的吸引力讓人們去追求,也因為如此而帶來痛苦。

　　也就是說,這些針對物質的「一切皆空」的觀念,其實無法帶領我們離苦得樂。如果我們從離苦得樂的角度來探討「一切皆空」的含意,那麼,什麼樣的解讀對我們最有幫助,而且最有說服力呢?

所有想法、知識、價值觀都是空的

　　我認為,把「一切」理解成一切想法、觀念,尤其是針對價值觀;而把「空」理解成缺乏理論根基而無法確認一定是對的。這樣的解讀最能有離苦得樂的功效。

　　舉例來說,有些父母對子女成績不好感到苦惱。這個苦惱來自於「高分才好」的價值觀。但是,當我們深入思考這個價值觀,就會發現無法找到一個根基來主張這個觀點一定是對。在這種情況下,這個價值觀便是空的,於是這個苦惱也一樣是空的。而事實上,好好學過西方哲學的人都可以感覺到在這個意義下,幾乎所有價值觀、甚至知識都是空的。因為尋找價值基礎(倫理學與美學)與知識基礎(知識論)是學習哲學的必經之路。歷史上已有許多偉大的哲學家提出各式各樣的理論,但都無法真正奠定價值與知識的基礎。簡單的說,這種基礎應該是不存在的。如果套用這個哲學觀來解讀空,不僅有助於離苦得樂,而且我們

有很好的理由主張這樣的觀點是正確的。

　　當我們熱愛一個人、或是一件事物時，常常都至少會有一個價值觀，像是崇拜一個跑得很快的運動員時，就會具備有一個「跑很快很了不起」的價值觀。喜歡古董時，就具有「古物很有價值」的價值觀。這種價值觀有相當大的部分是後天的、而且是由文化造成的。例如，我們不會崇拜一個全世界最會撿垃圾的人。雖然這項長才也非常了不起，而且還對社會有很大的益處。但我們非但不崇拜，說不定還會因為文化中含有看不起撿拾垃圾工作的價值觀而看不起他人。

　　當然，有些價值觀可能是先天因素造成的，像是認為疼痛與死亡都不好的價值觀。但無論是先天還是後天，其實都沒有很好的理由支持這些價值觀必然正確。例如，西方羅馬時期的伊比鳩魯學派，以及東方戰國時代的莊子都對「死亡很可怕」提出質疑。

　　伊比鳩魯認為，活著的時候人還沒死，不用害怕死亡，死了以後，就沒感覺了，那也沒什麼可害怕的。究竟我們在怕什麼呢？

　　或許，相信輪迴與業報的佛教徒並不認同伊比鳩魯的推理，因為死後並非沒感覺，死後還得害怕下地獄。但究竟會不會下地獄，以及是否真有民間傳說中的那種地獄，其實都很難說。所以，莊子也在《齊物論》中說，誰知道呢？說不定死亡就像一

個女人嫁到皇宮一樣，原本以為皇宮很可怕，實質上卻很享受，去了以後就會覺得之前的恐懼很可笑。也就是說，既然我們無法排除這種可能性，又有什麼好理由主張死亡真的是一件可怕的事情？

　　如果針對各種價值觀，我們的思想可以進入到這個層次，發現這項真理，那麼，就有可能可以擺脫這些觀念的控制，進而擺脫欲望（甚至某些天性）的控制。

執著價值觀帶來的苦

　　以一個道德觀念（善惡的價值觀）來說，有一天我開車經過一個位於山區的觀光區，道路崎嶇蜿蜒，一個大轉彎，突然發現幾位遊客在馬路中間閒晃，我嚇了一跳，緊急煞車，瞬間升起憤怒之心便用力按了喇叭，心想，「這些人有沒有搞清楚，這是車子走的大馬路！不是給人閒晃用的！」等人散後，我繼續開車，用合法、正常的速度繼續在蜿蜒的山路上前進。不覺得這有任何問題。

　　在這個例子中，我訴諸了一個價值觀，「行人不可以走在車子專用的馬路上。」在當今社會上，這是正確的價值觀，但是，在人多的觀光區裡，人們大多不會遵守這個規則，反倒變成車輛必須配合行人。在那個情境下，究竟什麼樣的做法才是最恰當的

呢？應該譴責行人，還是配合行人？

在這個的例子中，還有另一個價值觀，「我只要是用合法正常的速度行駛就是正確的。」因爲這個價值觀，所以我沒有考慮說不定還會遇到類似事件，繼續用「正常」速度前進，而非減速以防萬一。沒有考慮說不定下一個大轉彎會來不及煞車。因爲就算這樣，在我的價值觀中，也不是我的錯，而是違規的行人的錯。那麼，這個想法是對的、還是錯的？

如果參考國外的不同態度來看，以美國來說，如果有小孩在馬路上違規溜直排輪，法律規定車輛必須盡可能避免撞到他們。並不是合法駕駛就一定對，還要看導致什麼後果。如果後果是在可以避免卻沒有避免的情況下車輛撞到行人，那無論如何，車輛都要擔負起最大的責任。那麼，這種價值觀才是正確的嗎？

有的時候，我們很難判斷眞正的對錯，除非可以找到最基本的道德思考原則，從最根本的原則爲基礎進而導出一切正確的道德判斷。但在西方哲學兩千多年來的努力下，人類仍舊無法憑藉智慧找到這樣的道德基礎。

舉例來說，當今大多數人都很重視環保，認爲有益於環保的才是正確的。但事實上建一條道路就很不環保，是否應該把所有道路破壞、回復自然呢？這時，人們可能會說，那要看哪一種利益最大，對最多數人最有利的，就是最道德的。這個主張屬於哲學上效益主義的主張，但哈佛大學教授桑德爾（Michael

Sandel）在其暢銷書《正義：一場思辨之旅》就針對這個觀點提出質疑。例如，假設小華去醫院做健康檢查，醫生發現他的器官剛好可以用來移植給醫院裡面瀕臨死亡的五個病患，殺了他可以救五個人。對整體社會來說最有利，那麼，假如醫生真的這麼做了，先不管合法或違法的問題，他算是做了一件好事嗎？如果不是的話，那表示效益主義的原則是有問題的。而這問題通常被我們稱之為不符合正義，這屬於哲學上的正義理論與義務論的主張。

從這角度來說，「符合正義」似乎是最高標準。但是，假設一個醫生被政府派到醫療環境欠佳的友邦行醫，卻染上了可怕的傳染病，但目前尚不知如何防範。在這種時候，是否應該讓他回來接受最好的治療呢？雖然這是符合正義的，但多數人可能覺得這樣不好，因為太危險了，可能會禍及整個社會。這時，我們似乎又認為集體幸福是更重要的事情了。

我們究竟是依據什麼樣的道德標準在做判斷的？直覺主義者認為我們內心有著天生內建的價值標準，依據直覺就可以判斷是非對錯。但實際上，人們的價值觀念各有不同，針對許多問題，不同文化間也常很難找到明確的共識。

也就是說，所有道德思考其實都缺乏完善的理論根基，都不一定是正確的。如果學會了西方道德哲學，便會在這個觀點上有更深的體悟，這有助於我們擺脫各種價值觀的限制。

空的，都找不到能夠確立它們的基礎。只是我們很自然的產生這些想法，從來不去懷疑它們，並視為理所當然，就開始落入了煩惱的深淵。

只要進行深度反思，就會發現這些觀念的空性，它們不僅不是真理，還很容易找到反駁的理由。當我們可以進入這樣的思路，發現病痛等事物的豐富意義，把這些製造煩惱的價值觀都放下了，就可以擺脫更多煩惱，享受心靈的自由。

以不二法門的智慧體悟空性

從佛學修行的角度來說，新北三峽西蓮淨苑的慧通法師在討論到這個觀點時，分享了《維摩詰經》裡所強調的「不二法門」，這可以協助我們如何在生活中實踐這種價值觀的空性。「不二」指的就是不起分別心，而價值觀其實就是一種分別心。跳脫各種價值觀，就是實踐不二法門。

以「吃素」的價值觀來說，雖然這屬於佛教「不殺生」的基本價值觀，但在不同的環境下也會有不同的考量。例如，在西藏高山上，或是在冰天雪地的北極圈居住，堅持吃素、或是要求他人一定要吃素的做法可能會帶來不良後果，這樣的堅持就可能有問題。但在不二法門的運用下，更重要的智慧在於，當我們認為在某些特定時機某個價值觀不適用時，這個想法也有錯的時

機。例如，「因為某些高山地區居民無法靠吃素過活，所以吃葷沒關係。」這個處事標準也可能是錯的，因為這樣的標準可能造成隨意吃葷的後果而違背了不殺生背後更重要的慈悲心。

也就是說，任何可以確定下來的法則都有可能出錯時，就在這種不黏在特定法則而來回擺盪的狀態下，不二法門要我們總是找到一個稱之為中道的最適當路線，智慧越高，越容易總是走在中道的稜線上。

由此可見，佛學的跳脫方法雖然本質上和哲學類似，但實際作法上還是有些不同。哲學是透過尋找價值觀的根源，發現並沒有一個足以支持此價值觀的充分理由，於是對此價值觀抱持懷疑的態度。所以，在依循此價值觀的同時，仍然保持一個「此觀點有可能不適當」的開放態度，在某些特例出現的時候，就不再依循此價值觀。但從功效上來說，兩者卻很類似，都屬於佛學所談的不執著的狀態。

慧通法師也強調，這種實踐方式的一個重要訣竅在於「破見而不破法」。不破法在這裡的意思就是不必要全盤否定一個事物或價值觀，而是要破見，即破除對它們的執著。在不執著的當下，我們還是可以遵守它、運用它，因為它們還是會帶來好處。

以「隨地吐痰不好」這個價值觀來說，它是一個「法」。「不破法」意思就是不需否定它，在日常生活中還是可以依據這個價值觀過生活，大家一起遵守，對環境有所幫助。要破的是「見」，

也就是對這個法的各種見識，這些見識就是執著的根源。

簡單的說就是不要以為任何一個價值觀無論如何一定正確，總會有例外的時候。只要有這樣的心思，就不會在遇到有人隨地吐痰時不問源由就立即發出責難。例如，萬一有人因為病痛或某些特殊因素而隨地吐痰時，就可能屬於應該被體諒、甚至應該盡快上前協助的狀況。

所以，雖然作法不同，但從功效來說，這種強調事物「空性」的「不二法門」觀點，和哲學主張各種價值觀背後缺根基的想法類似。而「破見不破法」的實踐態度，和哲學抱持「懷疑」的實踐態度也有很大的類似性。

看見空性如何得樂？

最後，回到從離苦得樂的思考角度，針對任何負面情緒，都可以發現這些負面情緒伴隨著某些價值觀，如果發現這些價值觀其實都是空的，無法找到確實的基礎，讓它們不再深深束縛我們的思路，讓心念從中解脫出來，就會發現生命有著根本的改變，便離了苦。如同六祖慧能的幾句禪詩：

菩提本無樹，明鏡亦非臺。
本來無一物，何處惹塵埃。

　　然而，這樣的生活雖然不苦，是否可以得樂呢？事實上，許多哲學家像是西方文藝復興時代的斯賓諾沙、現代法國哲學家柏格森等等，以及佛學修行者，尤其是禪宗，都有一種共同的觀點，就是生命本質就是喜悅的。苦是由於生命受到束縛所導致，當心靈解開束縛，自由了，便可以開始呼吸原本生命就帶著的喜悅的空氣。離苦的同時也就得樂了。

　　這種解脫後的喜悅，類似宋明理學開山祖師周敦頤給弟子程顥、程頤的思考作業，**「尋孔顏樂處，所樂何事？」**也就是探討孔子和顏回的快樂是什麼？依據《論語》記載，子曰：「賢哉回也！一簞食，一瓢飲，在陋巷。人不堪其憂，回也不改其樂。賢哉回也。」意思是說，顏回吃得不好，住得也很簡陋，多數人在他這種處境裡，會感到愁苦不堪，但顏回卻依然快樂自得，完全不受影響。而孔子事事不如意，但一樣享受著快樂。子曰：「飯疏食，飲水，曲肱而枕之，樂亦在其中矣。」這是孔子對自己快樂的描述，意思是說，吃了一頓簡單的蔬菜飯，喝了一杯水，然後把手彎起來當枕頭躺下，快樂就在其中了。這種快樂，是生命本質中自然帶有的樂趣。

　　當困難來臨時，如果可以不排斥它，就會發現這是一個挑戰。病痛時，如果可以不排斥它，就會發現一股生命力量湧了上來。感到死亡壓力時，如果也可以暫時放下恐懼，生命就變成了一場美學之旅。遇到任何負面處境，如果可以暫時放下負面情

緒，就可以看見一條令人喜悅的人生大道。我認為這是很值得修行的「一切皆空」的智慧。

　　然而，除了這種一切皆空之後生命本身蘊含的快樂之外，其實佛學還有更多的樂趣。這種樂趣來自於，**一切皆可不空**。亦即，「色即是空、空即是色」的智慧。

十三 何謂「色即是空、空即是色」？

在著名的佛學經典《心經》裡，有一段耳熟能詳的話，「**色即是空、空即是色**」。這句話常常令人感到困惑，不同專家也常有不同的解釋，那麼，這究竟是什麼意思呢？

「色」常常被人誤以為是在談「情色」，但實際上是指一切有形事物，所有事物都有顏色，所以可以當作有顏色的東西的統稱。所以，色指的就是整個世界裡的所有事物，當然這也包含了情色在內。所以，從情色的角度來說，如果用「色即是空」勸人不要迷戀情色肉體，也是可以的。在這個意義下，「色即是空」和前面談到的「一切皆空」意思差不多，只是討論範圍不太一樣。尤其這句話後面接著「受想行識，亦復如是。」意思是說，感受、想像、意圖與行動、以及這一整體意識，也都是空的。色是物質層面、受想行識屬於心理層面，這些都是空，那就是「一切皆空」的意思了。這部分應該沒什麼問題，問題在於，為何空也是色呢？

從離苦得樂解讀「空即是色」

這種「色是空，而空也是色」的說法感覺上就像是說「7+3 等於 10 而 10 也等於 7+3」，這不是在說廢話嗎？當然，這只是一種解讀方式，而且是不太好的解讀。閱讀古人文字，應該盡可能尋找最有智慧的解讀，這種最有智慧的解讀就算不是作者原意也沒關係，因爲閱讀佛學最重要的是學習佛學裡的智慧，而不是學歷史。如果我們輕易採用簡單卻缺乏智慧的解讀，萬一解讀錯了，就失去了一個獲得智慧的契機。那麼，我們來思考一下，如何解讀「空即是色」比較好？

我認爲最好的解讀方式是再次返回佛學的初衷——離苦得樂。從離苦得樂的目的來說，我們可以如何看待這句話？

首先，「色即是空」的智慧在於「離苦」。當我們迷戀任何事物卻無法得到，而產生痛苦時，只要能夠看見其空的本質，就能化解追求而不得以及失去的痛苦。就以許多年輕人貪戀美色所帶來的痛苦來說，追求不到心愛的對象感到痛苦、看見自己所愛的人與他人親密相依感到嫉妒，針對這些心境，我們可以透過智慧的觀想，想想幾十年後，這些美麗的事物都將轉眼成空。而迷戀的心情也是由許多因緣聚合所導致，換了不同的時空、機緣，這些迷戀的情感將不復存在。

例如，在不同機緣與情境下，原本迷戀的對象，就可能成

為厭惡的對象。就像看棒球比賽時，換成了不同的機緣，就形成了不同的感受。記得小時候有一場印象很深的棒球比賽，忘了是少棒還是青棒，當時臺灣和日本比賽，到了最後一局，臺灣還落後三分，眼看是不行了。日本隊為了慎重，換下體力變差的先發投手。結果新投手大概太緊張了，不是保送就是暴投，搞到領先只差一分。日本隊趕快再換一個新投手，結果一上來就被敲出再見全壘打。中華隊反敗為勝。記得當時興奮極了，那幾天裡每個人都開心談論這個事蹟。然而，身為臺灣人並非必然，只是因緣聚合下的巧合，如果當時自己是日本人，或甚至就是那個被敲出再見全壘打的投手，又會是什麼樣的心境呢？

在某些因緣聚合下，看見某個人的優點、以及具有吸引力之處，於是愛上他。以為這份愛多麼真實與永恆，以為兩人註定好生生世世相戀。但如果時空背景與因緣換一下，這個原本該喜歡的人，正好是自己的小學老師，而他的某些缺點導致自己在兒時成長中受了傷，就可能會很痛恨他。無論愛戀或是痛恨，這些情感，不過是不同因緣聚合的產物。如果可以看見各種可能性，就不容易被某個特定情感所限制。

從另一個角度來說，那些讓我們產生迷戀感背後的價值觀都不值得仰賴。當我們看穿這些具體事物與價值觀的空性，便能從苦中獲得解脫。

然而，這種空性的智慧是一種能力，可以選擇用或不用，可以用空觀看事物，也可以不要從空性角度觀看事物。舉例來說，當和一位小朋友打桌球時，我有能力可以發球快速到他完全無法回擊。但這並不表示我非得要這麼打不可，我可以配合他的能力，打一場雖不盡興，但卻有趣的球賽。否則，在一切皆空的觀念裡，所有一切都不值得追求，都可以拋棄，都無法引起興趣，這有走向絕對禁欲主義的傾向。這樣的人生雖然可以「離苦」，可以獲得寧靜的喜悅，但卻不能積極「得樂」。不見得是一個理想的佛學思想與人生境界。

　　因此，第二個句子「空即是色」的智慧可以解讀成第一句話「色即是空」的反撲，目的則在於「得樂」。

接受空性，把握當下，空即是色

　　所以，雖然一切都是空，但是只要我們能夠認真、不執著對待這一切，任何事物就可以是具體、真實的顯現。真正帶來煩惱與痛苦的，是我們執著於這些事物，陷在欲望或是貪念的掌控下無法跳脫，因而產生不可得之苦。但是，當我們可以擺脫束縛，自由自在的在一種隨時都會失去的狀態下盡情擁有，就能在空性中無害地享受，並獲得生命的各種樂趣。

　　舉一個個人的例子來說，我的汽車音響常常故障無法運作，

可是它實際上並沒有完全損壞，因為每過一段時間就又自動恢復正常。車廠師傅建議我等到真的壞了才去修比較好，否則很難真正找到問題所在。後來有一次大約兩、三個月都沒自動恢復，我就覺得應該是真的壞了，決定找時間去修理。但當時較為忙碌，又拖了好幾個月都沒去修。這段時間我都用手機取代汽車音響，但聲音品質差很多。

有一天，在故障超過半年之後，竟然自動恢復了。我記得那一天，外面下著雨，我在車子裡聽著（和手機比起來）音效極為優美的古典樂，覺得好幸福。但內心也感受到這種幸福可能轉眼成空，所以盡情享受當下的美好，毫無懸念。即使下一刻又故障了，內心也只會慶幸已經好好捕抓到美好時刻。也就是說，即使是空，只要不執著所得，就是一種無害的喜悅。

在生活中，不執著也不貪圖永恆，即使短暫、不穩定、隨時都可能巨變，也一樣不改初心，認真活在每一個時刻裡，珍惜擁有的每一時刻。即使未曾擁有，也珍惜追求的每一個時刻，不強求成果，盡情享受追求當下的美學意境。那麼，即使虛幻，也是真實。我想，這可以是「色即是空」的一個好的詮釋。

在這樣的智慧裡，人生將充滿樂趣。所以，從離苦得樂的角度來說，「色即是空」是離苦的智慧；「空即是色」則是在空性的認知中仍把握當下的得樂智慧。

　　看到這裡，或許有人會說，這不就是當下年輕人「及時行樂」的生活態度嗎？從表面上來看或許很像，但從內心層面來說，卻差異很大。差異就在於內心的樂是否沾惹著世俗的塵埃，是否「百花叢裡過，片葉不沾身。」

何謂「悟道」?

　　除了離苦得樂之外，「悟道」是學佛的另一個主要目標。而且學佛的人有時還會忘了離苦得樂的目標，全心追求悟道。為何如此呢？悟道真的這麼重要嗎？悟道不就是為了離苦得樂嗎？還是說兩者有所不同呢？

　　然而，悟道是否重要的問題還真的很不好談，因為我們得先確認「悟道」到底是怎麼一回事。但是，佛學一直以來，把悟道當作是一種不可說的對象，既然不可說，那還怎麼探討呢？佛學基本上不太探討那些被認為不可說的東西。如果有人刻意要談、勉強去談，說不定還會被視為愚蠢。但西方哲學的精神不太一樣，無論有多麼難探討的問題，就算只有一點點線索，也盡可能從不同角度旁敲側擊，把這個問題盡可能釐清，能談多少就談多少。那麼，我們就依據西方哲學精神來談談悟道，看看是否能談出一些有幫助的看法。

悟道是離苦得樂的關鍵

首先，我們可以假設悟道其實就是離苦得樂的主要關鍵。一旦悟了道，就從人世間的苦中解脫，或至少了解了苦的根源，領悟了解脫之道。這樣的假設可以說是和離苦得樂的目標最一致的說法。也就是說，悟道其實就是離苦得樂最重要的關卡。在這種情況下，假設學佛過程很痛苦，但為了解脫一切，這痛苦當然是值得的。就像修苦行，如果方法有效，就值得一試。

但「苦修」這條學佛之路有風險，例如學佛的方法完全錯了，把生活弄得一團亂，還誤以為這是必經之路，距離悟道解脫不遠了。抱持這種想法，萬一被神棍欺騙時，就很難及時發現問題。所以，如果學佛過程並不愉快，至少需要反思一下，如果看不出目前痛苦的價值，那痛苦學佛的途徑就值得懷疑了。以修苦行來說，過程雖然很苦，在物質條件差的環境生活，還得忍受飢餓與嚴寒，但價值顯而易見，因為這種修行至少能讓心靈獲得更大的自由、讓意志更強大，也就更無懼於生命的挑戰。但在修行中，如果看不見類似離苦得樂的因素，又不得喜樂時，就須有警覺心。

那麼，究竟什麼樣的領悟，可以從苦中解脫呢？如果我們突然之間體會了「一切皆空」，或是「無我」，那麼，苦的源頭不見了，這是否就是悟道了呢？

如果從禪宗把悟道區分成「頓悟」與「漸悟」的角度來說，這是符合這種說法的。當我們一點一點修行，逐漸放下導致煩惱的念頭，從心慢慢改造，過程中可能很辛苦，但最後心靈獲得了自由，煩惱不再升起，領悟了各種煩惱的空性，便徹底離苦得樂。這是漸悟。

以我個人來說，在智的修行方面，我經常反思各種價值觀，讓思維不受其限制，當內心越寬闊，就越有包容力，減少瞋心作亂。除此之外，謹慎理解他人言行，越少誤解，就越少衝突。當理解力越高、無明越少，就越能離苦得樂。

在實踐方面，我經常觀察、面對內心真實自我，並運用意志阻止內心黑暗面的干擾，例如看見自己嫉妒他人、厭惡他人時、便立即將之驅逐。行事方面堅守公平正義，不因利益或各人喜好而改變。該怎麼做的，就怎麼去做。

以老師這個角色來說，在行使打成績這個權力時，內心很容易受到個人喜好的干擾而違背公平正義，跟老師交情好的學生便容易獲得比較好的成績。或者，有些老師為了在學生期末問卷中獲得較好的反饋，便藉由比較輕鬆的課業要求來博取學生的好感。諸如此類有失公平正義的事情盡可能避免，去扮演一個老師該扮演的角色，不因利害得失而動搖，就是一種很好的修行。

在情緒控管方面，起瞋心時立刻化解，便不易受干擾。當化解的能力越強，內心就越自由。而經常性的去感受萬物，把內

心世界放大，就越遠離我執。這些修行都能逐漸走向離苦得樂的道路，一點一點的進步，直到有一天，如果可以完全不受干擾，就是終點。

這種逐漸改變的過程，應該就是一種漸悟的歷程。這種漸悟不僅僅只是逐漸改變，而是在改變的過程中，領悟到某些特別的道理。這也就是古人所謂的「有真人後而有真知。」先把自己修成真人，真知便會自然浮現。

從認知的角度來說，如果可以在某種機遇上立即破除無明，發現一切皆空，達到一切煩惱不起的智慧。這樣的領悟便是頓悟。之所以稱之為頓悟，那是因為在感覺上煩惱突然不再因執著而起，是一場很突然的改變。但在轉變的過程中，應該也是一點一點累積，等到時機成熟後才一舉破除各種無明而達標。

悟道是領悟真理

除了從離苦得樂的目標來解讀悟道之外，還有其他可能解讀。這些不同的解讀不見得互相衝突，也有可能是相同的東西，只是從不同角度觀看而有不同的名稱而已。例如，「道」可以理解成萬事萬物背後的真理，瞭解這個真理，就是悟道。如果這個真理就是「一切皆空」，那也就是離苦得樂的關鍵。那麼，「道」是否是宇宙真理呢？如果是的話，那會是什麼？

　　如果科學家發現了宇宙真理，通常可以把他寫出來，就算像量子力學那樣，一般日常語言很難描述，至少可寫出方程式。但在整個佛學記載上，悟道者通常不會說出什麼新鮮事，而且最常的說法是：「道不過就只是這樣而已！」或是，「我們早已在道中而不自覺。」也就是說，悟道並不是悟出什麼新東西，而是看見原本就存在的舊東西。這和我們常談的科學新知不太一樣。所以，依照這樣的指引，我們要追求的道，並不是一個什麼奇特的事物，而是我們一直都擁有的東西，只是一直都沒有發現而已。

　　但這個說法很奇怪，既然悟道並沒有悟出什麼新東西，或是增加什麼新知識，那為什麼大多數人都不是悟道者呢？為什麼我們一直擁有卻無法發現？究竟什麼樣的東西可以有這樣的屬性？

　　這裡牽涉到一種很奇特的認知作用。這其實和哲學的基本功能很像。學習哲學的主要價值其實並不是增加什麼新知識，相反的，是在減少知識。怎麼說呢？

　　哲學理論是為了回答哲學問題而存在的，學習哲學理論，就是了解如何回答與思考那些哲學問題。但是，哲學問題並沒有標準答案，也就是說，沒有一個哲學理論真正給了任何一個哲學問題最終的解答。所以，即使讀了所有哲學理論，也沒有獲得任何可以稱為解答的知識。學到的，都只是一條思路、一個看法，

這些思路與看法，讓我們可以更全面、更深入地觀看一個問題。這樣的思考能力，反而去除了我們原本自以為是的解答。

所以，從每個人自我反思的角度來看，知識不增反減。而減少的那些知識，其實本身就不是真知，只是膚淺的執著而已。學習哲學，就是在學習深度思考，深度思考讓人看見各種觀念的不穩定基礎，於是讓習慣性的思維不再依附於它們。這功效類似於佛學談論的破除各種執著。或許等到把各種錯誤認知的執著去除時，就是還原真道的時刻，也就是悟道之時。

這個狀態就更像是「一切皆空」、「無我」等心靈狀態了。當我們的認知確實到達這種沒有執著的狀態時，也就獲得徹底的自由。這也類似道家莊子所倡導的「大自在」的境界。

道家的大自在境界

莊子在〈逍遙遊〉中談到四種心靈境界。第一種像是儒家所強調的君子風範，具備品德，以服務群眾為目標，讓自己成為眾人擁戴的人物。但這樣的人容易過度在意他人眼光，生命不夠自由。

第二個層次可以跳脫他人眼光，獲得更大的自由。當行為受到眾人稱讚，不會多一分高興；受到眾人唾罵，也不會減一分快樂。自己完全能夠自行衡量好壞。但這仍受限於個人的主觀看

法。萬一事物的幻滅與自己的喜好相左，心靈將會有所干擾而無法獲得自由。

第三個層次則如同道家典範人物列子一般的御風而行，順其自然。不執著於內心的渴望，生命無論如何變化，就接受它，風往哪裡來，就往哪裡走，完全擺脫了個人價值觀的限制。呈現出一種自在的生命狀態。但莊子認為這還不是最高層次，因為，還是受到自然的限制而不夠自由。

最後一個層次，也是道家的最高境界，是進入絕對自由的狀態。無論要順其自然，或不順其自然，都隨自己高興，自己化身成為自然，進入完全自由自在的生命型態。

在此境界裡，一切煩惱皆是庸人自擾，在清新的空氣間隨意遊走，從心所欲也從心所不欲，風吹起草就動了，一切都這麼簡單自然，而這就是真道。真道並不是看見了什麼特別的事物，而是所看見的原本事物，在沒有無明遮蔽的情況下，都變得特別與真實了。

悟道有什麼用處？

這時可能會有人想問：「這種真道有什麼用呢？」如果尚未悟道，會覺得這個問題問得真好。如果悟道了，或許只會默會地笑一笑，不想回答，就像佛陀傳道時什麼也沒說，光只是捻花

微笑一樣。當我們升起有用、無用的分別心，就又落入了無明。如果有人一定要悟道者回答這個問題，那麼，他可能會說：「何必庸人自擾呢？」但這樣的回答是無法讓尚未悟道的人滿意的。

或許他也可能說：「沒有用！」或者，「很有用！」也或許會很認真的回答：「真道就是真道，沒有什麼用不用的，但悟道了，至少減少了很多由虛妄的知識或觀念所造成的莫名其妙的煩惱。」或者，「好吧！如果一定要談用處，在道中，是無憂無慮，安心自在，煩惱不起的。」

然而，從這樣的解讀來說，光是悟道，並不代表從此離苦得樂，人們還是會隨著生活中的各種事情不斷掉入虛妄中，而惹來一身腥。但悟了道，至少不會再黏在某些讓人墮入深淵的觀念裡鑽牛角尖，越陷越深。

這其實和學習邏輯謬誤很像，知道謬誤之後只能提升發現謬誤的能力，並不代表從此不會再犯謬誤。因為不斷落入謬誤中，是人的天性。除非訓練出一種內心完全的自由，就像前面談的漸悟的修行一般，心徹底自由了，才真正能夠在煩惱與否中自由來去，也才真正離苦得樂。所以，從這角度來說，心與智慧的修行需要同時並進。

悟道就是領悟人生之道

我們也可以從另一個角度來解讀何謂悟道，就是把「道」理解成「人生大道」，也就是一條成就每個人生命意義的一條路徑。這樣理解的好處在於不用把「道」解讀成一個「道理」，因為既然是道理，總該說得出一些端倪吧，既然完全說不出來，或許不是一個道理，而是別種東西，像是道路。

這種道路，其實就很像慧通法師所分享的「不二法門」。「這樣說是不對的，那樣說也是不對的，說這樣說不對也是不對的……」在這種過與不及反覆來回擺盪的過程中，隱隱會出現一條最恰當的中道。只有至高的智慧，可以得見這條道路。如果可以在任何時刻，總是看見這條道路，就是悟道。這個觀念，和儒學的中庸之道，極為類似。也就是說，悟道者總能在特定時機裡，看見最適當的處事方式。

然而，這裡有個問題在於，當我們看見中道時，是否有什麼特別的感受呢？還是說，我們永遠無法判斷是否已在中道之上？以我個人經驗來說，在某些時候，可以感受到一種強烈的意義感，也就是覺得人生很有意義的感覺。而且在此時此刻內心很確定自己該往那個方向走、該做些什麼、或不該做些什麼。這就像是看見眼前一條人生大道一般。或許這就是所謂的「見道」。如果每一個時候都可以活在這種狀態下，那就順著這條路走下

去，人生就沒有疑惑了。

　　但對我來說，並非時時刻刻都有這種感覺，而且看不見道路的終點，這種知識也只屬於個人，只能看見自己該往哪裡走，看不見他人的道路。也就是說，就算這真的是見道，也無法套用在別人身上。或許，每個人都只能看見自己的人生道路，無法看見他人的。這就可以解釋為什麼我們無法跟他人說何謂道，因為自己也只知道該怎麼走，還不見得知道為何必須這樣走，而且也不知他人該怎麼走。如果真是如此，這只能屬於個人的修行。

　　但或許有人經過更多的修行，可以看得更遠，看見遠方有些什麼，不但更了解自己生命的意義，也能發覺他人生命的意義。或許這才是真正的悟道。當然，如果每個人有類似的生命意義，就可以指導他人怎麼修行，但或許這些知識也屬於難以言說的領域。

　　當然，悟道還有可能是其他我所未知的狀況。如果是的話，那就超出我目前能力的討論範圍了。只能依賴高人指點或是更深入的佛學鑽研後，再來探討其他可能性。

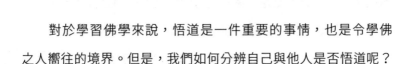

⑮ 悟道了沒？

對於學習佛學來說，悟道是一件重要的事情，也是令學佛之人嚮往的境界。但是，我們如何分辨自己與他人是否悟道呢？

記得念大學時的某一天，在校園裡遇見一個久未謀面的學長。這位學長很熱衷佛學，有一段時間不見了，據說是修行去了。再見到時很高興，趕緊上前詢問修行成果。他微笑看了我一眼，聳聳肩，心平氣和的說，「我悟道了！」

不知為何，當我跟其他人轉述這番話時，沒人好奇詢問真的假的？悟了什麼道？為何認為自己悟道？或是其他相關問題。所有人的反應都是哈哈大笑。當然，這跟我轉述的語氣可能也有關係。因為我當時也什麼都沒問，而是忍著笑意跟他寒暄幾句，然後趕緊溜走。然而，問題在於，為什麼大家都不相信他是真的悟道呢？

或許在眾人心中，悟道是極端罕見，或至少是極為困難的事情，不相信大學生經過一點修行就可以悟道。但這或許只是偏

見。可是，當有人宣稱悟道時，我們又該如何省思？是否有方法來衡量自己或他人是否悟道？這裡其實有一些值得探討的問題。

沒有悟道的人如何確認自己沒有悟道？

舉例來說，如果我說，「我很肯定我沒有悟道。」這個說法感覺很誠實，很值得相信。因為，如果我悟道了，我應該是不會說謊的，所以，悟道者說自己沒有悟道，感覺有點矛盾。所以，如果有人承認自己沒有悟道，應該就是值得相信的。但是，這個說詞實際上很有問題，問題在於，這個推理必須預設「沒有悟道的人可以知道自己並沒有悟道。」但真是如此嗎？

如果我沒有悟道，那就表示我不清楚「道」為何物？既然不知，又如何可能知道我沒有悟道呢？好比說，古人把一種特殊的感覺稱之為 X，但我並不知道 X 指的是什麼，然後我說，「我沒有經歷過 X」，這不是很奇怪嗎？說不定實際上我經歷過 X，只是我不知道原來那個經歷就叫做 X。也就是說，說不定實際上我已經悟道了，只是我不知道原來那就叫做悟道。因此，悟道者有可能誤以為自己沒有悟道。那麼，覺得自己沒有悟道的人，也無法確認。所以，我們頂多只能不清楚自己有沒有悟道，而無法確定自己沒有悟道。

也因為如此，我們很容易想像自己悟道而難以自我反駁。

只要想像自己的某個經歷，讓它和悟道對號入座，就會覺得悟道了。所以，沒有悟道的人，也很容易誤以爲自己悟道。而且由於沒有悟道的人根本不知道道爲何物，很難發現錯誤，反而更加確信自己悟道。

悟道者如何確認自己悟道

再從另一個角度來說，悟道者是不是就能確定自己悟道呢？其實如果有人說，「我悟道了。」這句話一樣有問題。問題在於，怎麼知道悟的東西眞的就是「道」呢？我們可以用一樣的比喻來談，如果古人把一種感覺稱之爲 X，我怎麼知道，我經歷的感受眞的就是古人所說的 X？

除非「悟道」這件事情有明確的可衡量標準，我們才能夠判斷自己是否悟道。如果這樣的判斷標準是客觀的，例如頭上出現光環，那麼，便可藉由這些標準，判斷他人與自己是否悟道。如果沒有這麼好的客觀標準，至少如果有主觀標準的話，像是不再有煩惱，那麼，至少自己可以判斷自己是否悟道。但如果沒有這些明確的標準，就很難自我衡量了。

是否悟道由開悟者來判斷

假設，悟道指的是進入一種特別的心境，但由於標準並不明確，自己無法自我衡量，通常只能透過其他悟道者來判斷。這個方法基本上雖然容易失誤，但還是具有某種程度的可靠性。如果我經歷了一種特殊的心境，便可以透過對話評估其他人是否也經歷類似的心境。這個方法確實也常用在佛教的悟道上。由師父來驗證徒弟的境界。

但問題在於，師父所悟的道，是不是就真的是古人所謂的道呢？即使都是由師父所驗證，只要其中一代驗證錯了，後面可能就全錯了。這是一個麻煩的風險。例如，師父本身沒有悟道，但卻被太師父誤以為悟道。師父便很自然把被誤以為是道的知識用來教導弟子與衡量弟子是否悟道。然後會製造出一連串的錯誤。而這些弟子成了師父後，會繼續傳遞這些錯誤知識。而且由於這些錯誤知識來自於師父親傳，會充滿信心而不會自我質疑，也就喪失了發現真相的機會。

另外，假如悟道並不只是一種心境，而是看破人世間虛假的一種能力，那麼，我們便可藉由這個能力所呈現的人生百態，來評估一個人是否悟道。這個方法的麻煩在於，產生這種能力的，未必就一定是悟道。除非這個能力就等同於悟道，才比較不容易出錯。否則，一樣有可能產生問題。而且，這個能力所呈現

出來的人生百態，是不是夠明確也是一個問題。這些都是在談論悟道時會生出的麻煩。如果再加上有些假悟道者騙人的情節，那問題就更多了。

悟道的衡量標準

通常我們認為悟道的人至少心靈是自由的、而智慧是看破一切的。想要不生氣就可以不生氣，隨時可以脫離被欲望綁住的狀態。那麼，如果我們發現自己心靈沒有這麼自由，就知道自己其實還沒有悟道。相同的，如果有這些標準，也可以用來觀察他人是否已經有這樣的水準。但反過來說，如果到達這些層次，是否就一定是悟道呢？

這些問題眾說紛紜，目前也很難找到共識，更不用說想找到客觀標準了。所以，如果遇到有人宣稱是悟道者，也別太快拜下去，因為既然有人用電話詐騙，就會有人利用宗教詐騙。需要謹慎判斷。

或許有人會說，「因為佛教主張騙人要下地獄，所以不會有詐騙集團用佛教來詐騙。」但可惜這個推理是失敗的。因為，頂多只能說，如果一個人相信佛教，是佛教信仰者，那就不敢用佛教詐騙。但對於根本不相信佛教的偽裝者來說，這些宗教說詞根本就不起作用。

　　我想，至少我們可以從離苦得樂的程度、心靈自由的程度、脫離貪嗔痴的程度來衡量一個人的行為舉止。如果看起來不像離苦得樂者、不像心靈自由者、仍舊身陷貪嗔痴者，應該就有很高的可能性屬於偽裝的悟道者了。

　　如果自己功力太低難以判斷，更簡單的方法是參考其他佛學修行人的意見。如果一個人真的是悟道者，那應該有許多資深修行人會認同他，如果不是的話，那一樣有很高的可能性是偽裝者。遇到這樣的人，需當心被誤導，修道不成反誤入歧途。

離苦得樂的

「修行」

如果有人說，他想靠股票賺大錢、或是買樂透致富，我們會說，「祝你好運！」如果有人說，他想要成為一名優秀的足球選手，但不想付出心血練習，我們會說，「這是痴人說夢。」如果有人說，他想要成為一流學者，但不想花時間讀書，那麼，我們也會說，「這是異想天開。」

　　許多人以為，獲得幸福快樂的人生，就像中樂透一樣，需要運氣。但這很明顯是錯的。因為，只要好好觀察就會發現，在任何際遇下，都有快樂的人以及不快樂的人。製造幸福快樂的關鍵，不是遇到什麼事，而是遇到任何事時，這些事如何在我們的心中發酵，以及我們如何面對它們。能把各種生命挑戰當樂趣，不是靠運氣，而是靠本事。

　　不努力就想獲取這樣的本事，如同想靠運氣獲得幸福快樂，一樣是痴人說夢、異想天開。

　　佛學記載了各種離苦得樂的本事，以及如何培養的秘訣。我們要做的，就是依法學習。學習去改造自己，讓自己成為幸福快樂的製造者。這種改變的過程，在佛學裡就稱之為「修行」。

修行中的神秘經驗

在人的成長過程中，常常會體驗到新的經驗。例如，第一次戀愛時，才會知道「原來戀愛的感覺是這樣」。而第一次失戀時也才懂得何謂刻骨銘心的痛。

南宋詞人辛棄疾所作的〈醜奴兒〉寫道：「**少年不識愁滋味，愛上層樓。愛上層樓，為賦新詞強說愁。　而今識盡愁滋味，欲說還休。欲說還休，卻道天涼好個秋。**」這裡談到了少年人不知真正的愁，但學了「愁」字，便很愛用。一邊玩耍，一邊還要唉聲嘆氣，作詩填詞，好像生活中多麼不如意，盡是哀愁。但生活中真正體驗了愁滋味後，反而不想說了，轉而望向天涼秋好的意境。愁苦內化後，更顯淒涼。

每個人都有識得與不識得的苦滋味

真正識得苦滋味的人，大概都能體會這首詞的意境。但反

過來說，能體會這首詞的，是否都是識得苦滋味的人呢？其實這大有問題，還要看看我們怎麼定義「真正的苦滋味」，否則，少年人看到這首詞又何嘗不覺得自己也有所感呢？也就是說，有感覺，並不代表感覺是對的。

每個人的人生境遇不同，遇過幾次失業與失戀的人會覺得已經識得苦滋味。但曾經在事業上大起大落、和親人生離死別的人，會覺得前者不懂何謂真正的苦。而經歷戰亂、瘟疫、生死邊緣的人，又覺得前面兩者都不懂人生。

簡單的說，所謂的「苦滋味」也有程度之別，但人們通常以自己的現有經驗去解讀文字，所以，其實包括為賦新詞的少年人在內，每個人都懂一些苦，也都不懂某些更深的苦。所以，懂和不懂，其實只是程度的差異。每個人都在某種程度上如同不知愁滋味的少年人。

掌握了這點，也算掌握了一種「無知之知」，知道自己不知道某種類別的愁滋味。如果不具有這種無知之知，每個人都會和少年人一樣，自以為懂。當我們缺乏某種經驗，自然會忽視它，把感覺不到的東西當作不存在。在這種心境下，當有人說出他們心中的苦時，都會以為自己很懂，用自己現有的知識去解讀，但事實未必如此。萬一遇到自己不懂的東西還自以為懂而去教導別人，不僅喪失學習新東西的機會，還讓人覺得討厭。

你有多少愛護流浪動物的慈悲心？

舉例來說，社會上許多人會去餵養流浪動物，但也有許多人認為這些餵養流浪動物的人是偽善者。常見的理由是，「這麼愛護流浪動物為何不帶回家養？」「在外餵養弄髒環境真不應該。」我不清楚那些餵養流浪動物的人裡，是不是真有偽善者，但可以了解為何有人會這麼認為。理由也很簡單，因為這些批評者缺乏對流浪動物的同情心。因為自己沒有，就自然會誤以為沒有這種東西，既然沒有這種東西，那麼，那些人為何要餵養流浪動物呢？如果行為不是來自於同情心，那很可能就是來自於想藉此標榜自己的善良吧，這樣的心態就屬於偽善者的心態。這樣的推理，不是很有道理嗎？

對流浪動物缺乏同情心的人會覺得這個推理很合理，但具有同情心的人卻很清楚知道這是錯誤推理。只要對流浪動物有同情心，就會依據這份心情去解讀那些餵養流浪動物的人。在這種情況下，就不會用偽善者來理解他們。

然而，如果我們對那些批評者說出這番道理，他們一定不會認同。他們會說，「我當然對流浪動物有同情心，只是認為不該餵養他們，而是應該帶回家養。」這裡的問題在於無法帶回家養時該怎麼辦？這些批評者會認為如果沒辦法帶回家養，那就讓流浪動物在自然界中自然生長。

聽起來其實也有道理，但重點在於，餵養者就是基於認爲那些流浪動物在自然界中自然生長很可憐，又無法帶回家，只好在外餵養。這個爭議的關鍵點在於對流浪動物的同情心的程度是不同的。批評者也並非完全沒有同情心，如果有人虐待流浪動物，他們很可能也會反對。但兩者的同情心顯然有差距。如果沒有仔細思考，就很難看見自己的缺乏。

智慧提升到能夠看見自己的無知，就可以改善這類盲點。例如，我雖然具有不嫌麻煩、願意付出金錢買食物餵流浪動物的同情心，但如果看到流浪動物被車撞倒在地上，我的同情心還不會強到成爲救助者。但連我的學生裡都有這種更強同情心的救助者存在，即使荷包沒什麼錢，每天靠著打工賺著微薄的時薪，還是願意把被撞傷的流浪動物送醫治療。如果我只用個人感受來解讀，大概也會覺得這些學生僞善、不明事理、或是愛過頭。但是，另一種更可能的解讀則是，他們具有比我更強的同情心。而這樣的同情心讓他們義無反顧的去行動。雖然我無法確認一定如此，只有在自己擁有類似經驗之後，才能證實這個看法。但依理性推測，我們可以想像存在有自己所不知道的經驗，而這些經驗主導著他人的行動。

當我們有了這層智慧的突破，就打開了一片屬於「無知之知」的天空，看見更廣闊的世界。例如，看到有人得了憂鬱症、聽到有人想自殺，一般人可能會說，「想這麼多幹嘛？」但更可

能的解讀是，這些人心中有著一些我們所不知道的情感，才導致
那些我們所不知道的想法與感受。

跳脫限制，讓想像力深入神秘經驗

　　上面談到的這些經驗還屬於一般大眾比較容易想像的經驗，
即使缺乏，至少還可以試著揣測看看。如果所談論的經驗，超過
想像力能觸及的範圍，那在溝通上就更有問題了。

　　在宗教修行上，有更多超出我們一般想像的特殊經驗。這
些經驗常常會和人世以外的話題有關，像是看見上帝、體悟人生
大道、或甚至像是通靈等體驗，哲學上通稱這類經驗為「神秘經
驗」。對於強調實踐的哲學體系來說，常會以神秘經驗作為理論
的根本。

　　舉例來說，「道」是道家的根本。但老子《道德經》卻說，
「道可道，非常道。」意思是說，真正的道是無法用語言表達的。
既然無法表達，就只能體會，但大多數人都無法體會、無法了
解，這就會變成一種很神秘的經驗。要了解道，就必須有體悟道
的經驗。反之，一旦擁有這種經驗，就能夠了解道。也就是說，
道家的核心觀念是一種內在體驗，缺乏這種內在體驗，就很難把
握這門哲學。由於佛學也屬於這類高度仰賴神秘經驗的學問，如
何學習獲得神秘經驗，就變成實踐（或以佛教常用詞彙「修行」）

中很重要的事情了。若沒有修行，就永遠無法真正了解核心思想，在這種情況下，對此理論的任何思考上的鑽研與推理都只會是誤解。

從認知歷程來說，神秘經驗大多不是先天自然具有的經驗，否則多數人很容易獲得。所以，不用回頭尋找自己已有的經驗來理解各種需要體悟的佛學，那必然是不夠的。神秘經驗屬於後天經歷某些鍛鍊之後才能出現的感受。想獲得，就必須修行。在修行中生出新體驗，只要能夠把握住這些新體驗，就掌握了神秘經驗，也就掌握了相關的理論核心知識。

佛學中的「悟道」很顯然就屬於這類神秘經驗。如果沒有經由修行體會，只是知性上的理解，那我們可以猜測這些理解應該都是偏離核心思想的。

有些神秘經驗對人生有重大影響力

許多書籍裡記載了各種神秘經驗。像是基督教修行者與神合一的體驗、儒釋道都有類似天人合一或天人合德經驗的觀念。即使針對現代人，也常會聽到某些很有趣的神秘經驗。當然，可能是我和修行圈子的人比較有接觸的關係，所以特別容易獲得這類資訊。

以我個人來說，在人生中的不同階段也有許多特殊經驗。

例如，在靜坐時，身體感覺一直膨脹，很舒適的伸展開來，伸展到和宇宙一樣大。但膨脹的同時仍然知道自己只是在一個小房間裡靜坐。當然也知道小房間只是宇宙中的一角。但感覺還是整個人充滿在宇宙之中。這種看似有點矛盾的感覺完全沒有任何心智上的干擾，因為也沒有去思考深究，反正就只是一種很奇特的感覺而已。最重要的是這樣的感覺很舒適，沒什麼不好。

另外，過去曾有一段時間有種很奇特的經驗，我當時人在家中頂樓陽臺，外面車聲、喇叭聲不絕於耳，但突然覺得世界整個靜下來了，事實上外面的聲音完全沒變，我也都聽得到，但不僅沒有吵雜的感覺，還覺得非常寧靜。低頭看到一隻螞蟻經過，靜到彷彿可以聽到牠的腳步聲（當然實際上沒有聽到任何腳步聲）。

這些神秘經驗究竟是怎麼來的或許在科學上很值得研究，但從修行的角度來說，除了身心舒適與內心平靜之外，也看不出有任何特別的意義。也不清楚它們象徵什麼，是好是壞也都不知道。所以，通常資深修行人的建議大多是隨它而去，不追求、不迴避、也無須解讀。

然而，有些神秘經驗卻對人生較有影響力。例如，有一天晚上，我在睡前發著呆，靜靜坐著，無意間打開了封閉已久的內心創傷。一個悲傷的感覺像是石頭掉進湖中，緩慢墜落。越往下掉，感受越深。一開始我沒去理會它，直到越來越深時，我突然

警覺起來，發現意識隨著這股悲傷正進入一個從沒體驗過的深度內心世界。我有點緊張，不知再往下掉會遇到什麼。但另一股有點自暴自棄、隨它去的心念也隨之而起，加上好奇心作祟，便沒有阻止它，就算世界末日又有什麼關係呢？就這樣，這個石頭一直往下掉，掉進內心最深沉的地方。有趣的是，內心深處竟然真的像湖泊般有個底部。它最後掉到湖底。感覺還真的像是聽到了一個輕微的撞擊聲。而這一聲撞擊，卻撞出一股強大的生命力量，強大到全身像是觸電一般顫抖。而這股生命力量讓我有一種任何困難都一定能突破的自信心，對任何事都毫不畏懼的感覺。這樣的感覺足足保持了三天才慢慢褪去。

即使這股強大的生命力在三天後褪去了，卻仍保持著鮮明的記憶，而這樣的記憶成為一種知識，讓我認為，即使生命在最悲傷的時候，也都沒什麼好擔心的，因為內心最深的地方，就是生命力量的源泉。雖然不知道這種知識是對、還是錯？說不定只是以偏概全的錯誤推理，也說不定只是一時的巧合，但這樣的信念仍帶給我力量，成為人生路上克服萬難的一大利器。

然而，對於沒有類似經驗的人來說，一定不知道我稱之為「生命力量」的這種東西究竟是怎樣的一種感覺，以及我為何用這個名詞去稱呼它。這屬於很難溝通的部分，而且似乎也沒有非得要溝通的必要。

這幾年來，我以斯多葛主義的方法修行，在道德實踐中，

也體會許多有趣的神秘經驗。而且，依照目前生命前進的方向來看，我猜想，那些或許可以稱之為生命意義的解答，只存在於特定的神秘經驗裡，不管要稱呼它們為「道」還是「天命」還是其他，都必須要依循某些實踐，在實踐中獲得。

從我個人獲得神秘經驗的反思來看，有個有趣的共同點，幾乎絕大多數的神秘經驗都跟意志力息息相關。我所經驗到的大多數重要的神秘經驗，大多是在我有個目標，必須花一段長時間運用意志力不斷堅持時所發生。所以，我猜想，意志力的運用，是開啟神秘經驗的一扇大門。尤其前幾年在克服恐慌時出現的像是看見本心的神秘經驗，最能印證這個看法。這個經驗說來話長，而且也已記述在二〇一九年商周出版的《未經檢視的生活不值得過》那本書裡，就不在此贅述了。

由於神秘經驗的重點在於經驗本身，用文字描述大多容易導致誤解。所以，如果有興趣走上修行的路，可能不要太在意他人的經驗，以個人經驗為主軸，尋找人生的方向，才比較容易發現那條大「道」。

「虛無感」與「意義感」作爲修行指標

人生的意義是什麼？大多數人都很想知道解答，但目前沒人可以提供理性上具有說服力的解答。市面上常見的解答大多屬於宗教式的，缺乏論理上的說服力。信就信、不信就不信。事實上，從哲學思考的角度來說，我們所期待的，在理性上有說服力的解答應該是不存在的。這個主張解答不存在的解答，倒是具有理性上的說服力。

人生意義問題沒有解答

首先試想一下，當我們問某件事情有什麼意義時，這是在問什麼呢？例如，我遇到一個很大的困難，這困難的意義是什麼？這時需要思考困難結束後發生了什麼改變？或至少有什麼改變的契機？像是讓我能力提升，或是增加了不同的體驗。總之，一件事情要有意義，需要探討這個事件發生後可以導致什麼

後果。

那麼，人生在什麼情況下會有意義？如果此生結束後沒有來生。那麼，對個人而言，此生就是一個完整的事件，事件之外別無他物。在這種情況下，此生就不是爲了未來的人生而存在，既然如此，至少針對個人來說，此生是沒有意義的。若要有意義，只能是爲他人或爲世界而存在的意義。

所以，人生若要對自己有意義，至少先得預設來生的存在。假設有來生，那要看來生的狀況是什麼，才能決定此生的意義是什麼。但我們目前對於是否有來生以及來生是什麼的問題並沒有理性上有說服力的解答。所以，我們自然不可能找到理性上有說服力的人生意義解答。

如果暫且不管此生對個人的意義，而是把人生意義想作是對他人、對社會、甚至對宇宙整體的貢獻。我們一樣找不到理性上有說服力的解答。因爲依據當今科學研究，所有這些遲早都會毀滅殆盡，對於終將消失的事物來說，無論如何努力去改善它，又有何意義呢？

「虛無感」製造人生無意義的感受

由於從理智上思考，我們並沒有人生意義的解答。所以照理說，人生意義的問題應當是個懸而未決的問題，那麼，我們對

此問題的態度應該是保持在「不知道」的狀態。在哲學上，這種態度稱之為「不可知主義」。

但是，從情感面來說，我們往往對這個問題有所感覺，最常見的一種感覺稱之為「虛無感」，就是覺得人生沒有意義的感覺。另一種較少被討論的感覺稱之為「意義感」，就是覺得人生充滿意義的感覺。人們一生中就在這兩種感覺中交互擺盪，只不過多數人的虛無感時刻多於意義感。

這裡，我們會想問一個哲學問題，為什麼在理智上沒有解答的問題，在情感上會有解答呢？會不會這些情感的來源可以給我們一些尋找人生意義的線索？

「虛無感」是一種常見的經驗。在某些時候，不知為何就覺得人生沒有意義。如果我們仔細去觀察，會發現虛無感的源頭常常跟負面情緒以及消極的處事態度有關。以開車來比喻，我們可以把處事態度當作是在踩油門，處事越積極就如同踩得越用力，車子跑得越快。而越放鬆，車子就越慢。當車子越慢，越缺乏動力，人生就越有虛無感。但積不積極只是眾多因素中的一個。有時積極的人生一樣會產生虛無感。尤其當人類遇到飢荒、戰亂、瘟疫等各種苦難時，最容易升起虛無感，如同在兩次世界大戰期間，虛無感催生了西方「存在主義」思潮，存在主義內最主要特點就是主張人生無意義的虛無主義。這股思潮捲襲了全世界，也創造出許多特別的文學與藝術作品。但當世

界局勢穩定下來，虛無主義便逐漸連同存在主義一起急流勇退，
不再成為主流思想。

在生活中，虛無感來得很容易，意義感卻很難產生。積極
的人生比較容易感覺生活有意義，但這種意義感可能很短暫。尤
其在結束一段時間的努力後，有時反而虛無感更強。

舉例來說，我在寫博士論文的時候，每天都很專注、非常
積極努力，過程中便有充滿意義的感覺。在口試通過的當下，
非常開心，覺得長久的努力終於有了收穫。意義感升到最高點。
但幾個小時過後，不知為何陷入強烈的虛無感。當時在想，即使
費盡心思寫了一本論文，又如何呢？有何意義嗎？所以從那時開
始，我就常常思考，究竟做什麼樣的事情，可以更容易感受到有
意義，以及更能持續這樣的意義感呢？

「意義感」的源頭

經過幾年的觀察，我發現有些事情可以製造更大的意義感，
而且持續更久。像是發自內心幫助一個人、解救一隻動物、或是
挑戰自己的弱點，並且獲得成效；寫一本好書，並且獲得好的迴
響；努力教好一門課，並且看見成果。諸如此類。

雖然眾人常說，只求努力，別太在意成果。但從意義感的
獲得來說，成果很重要，若沒有成果，就不容易產生意義感。

但是，成果卻未必一定要反映在他人身上。舉例來說，如果老師很認真教書，學生還是學不好，而且假設這種學不好完全是因為學生不唸書，並不是老師教不好的緣故。在這種情況下，會讓老師很氣餒。如果老師把不要氣餒當作修行目標，只求最大的努力，不在意成果。如果真能做到內心的豁達，那就是一個好的成果，即使沒有在教學上看見成果，在個人修行上有了成效，一樣會獲得意義感。只要好好觀察內心，就可開始了解意義感和虛無感的不同起源，如果想追求人生意義，或許沿著意義感前進，就是一條好的路徑。依據這種感覺去過人生，是不是就打開一條具有意義的人生道路了呢？這是個有趣的哲學問題。但我們還是會想要問，這樣的人生意義究竟是什麼？

說不出卻感受得到的人生方向

　　有趣的是，我們依然無法說出這條道路具有什麼意義。就像在《僧侶與哲學家》一書中，佛教修行人馬修（Mtthieu Ricard）見了一些佛學老師，並一同修行一段時間後說，「**我漸漸了解我已經找到一種可以激勵自己生命的方式，讓我的人生有方向和意義，雖然我說不出是什麼。**」這可能也是為什麼許多人認為自己掌握了人生意義，但卻無法告訴他人的關鍵所在。那是因為，人生意義並不是一種可以被說出的原則，不屬於一種

理智上的解答，而是一種實踐的能力。在任何一個時刻，看見前方的康莊大道。只要沿著這條路走下去，就是人生的目的，也就是此生的意義。至於這是一條什麼樣的路，無法給出明確的答案。但隱隱約約我們還是可以猜得出來的。因為沿著這個方向，我們發現某個屬於自我的屬性不斷改變，而且這種改變明顯有個一致性，並朝向某個方向。只要走過去，就是人生的目的。

這個改變中的「自我」當然不再是那個需要用「無我」放下的執著，而是在放下自我之後出現的另一種東西。它是什麼？這很難說，只能靠自己的觀察與認識，任何名詞的描述都是沒有意義的。

（三） 慈悲心的修行

　　常聽人說，我們要學習菩薩的慈悲心。但是，什麼是慈悲心？爲何要學？又該怎麼學？先了解這些問題，將有助於走向慈悲心的修行之道。

　　慈悲心的最基本意義就是大乘佛學很重視的「無緣大慈，同體大悲」。意思是，「**不管親疏遠近、有無緣份，都希望除去眾生之苦，感同身受，期待眾生獲得喜樂。**」這裡所說的眾生，不僅包含了各色人種，也包含了任何生命型態。也因爲如此，吃素而不殺生，成了大乘佛學中很重要的修行方法。也是慈悲心的修行。

　　從人與人之間的關係來說，慈悲心是對他人痛苦感同身受的一種心理狀態，並且希望他人脫離苦難。這和一般所謂的同情心、同理心很類似，這種心理狀態會自然引發幫助他人離苦得樂的念頭。所以，由於慈悲心的作用，我們不僅追求個人離苦得樂，也幫助他人離苦得樂。

助人爲快樂之本？

那麼，「爲何要學慈悲心？」這個問題類似道德哲學中的「爲何要成爲有道德的人？」在哲學上，這是一個很難回答的問題。因爲慈悲心感覺上是犧牲個人利益去做利他的事情，這有違人類自私的本性。通常我們必須有很好的理由，才會願意去做違反天性的事情。那麼，有什麼好理由呢？

首先，有人可能會說，「那是因爲幫助別人很快樂。」從學佛的角度來說，也就等於是主張慈悲心有助於自己離苦得樂。但眞是如此嗎？雖然大家都說，助人爲快樂之本，但只要回到生活中反思，就會發現未必如此。雖然在有些情況下，幫助別人確實很快樂，但有時卻不如預期。每個人一定都有過那種幫助別人後卻後悔、甚至氣得要死的經驗。就像成語說的「養虎爲患」或是臺語俗話「養老鼠咬布袋」，只要遇到那種恩將仇報的人，眞的令人懊惱。即使不期待幫助別人獲得什麼回報，但幫了別人卻被人背後捅一刀，這大概是很難接受的事情。除非已經到達那種超乎想像的修行成果，否則大多數人不僅無法在這種情況離苦得樂，甚至只會增添痛苦。就算沒有遇到恩將仇報這麼嚴重的情況，只要發現被幫助的一方毫無感恩之心，只想利用別人，也會是件不愉快的事情。

以最簡單的狀況來說，大多數人很樂意爲人指路，不花什

麼時間與力氣，就可以帶給別人很大的幫助。但是，如果遇到那種連一聲謝謝都不說的人、或甚至還嫌你講得不夠清楚，大概都會令人感到不開心。所以，幫助別人其實不一定會快樂。

慈悲心是爲己還是爲人？

而且就算幫助別人確實都很快樂好了，難道學習慈悲心主要目的是爲了追求自己的快樂嗎？如果我覺得生活已經夠快樂了，或是我對慈悲心所帶來的快樂不感興趣，亦或是我不想要藉由這麼麻煩的助人去換取快樂，在這種情況下，是不是就不需要培養慈悲心了呢？

這個問題在哲學思考上很難獲得合理的解答，但從宗教角度或許比較容易回答。答案是「培養慈悲心是一種成就菩薩境界的修行，這也是脫離六道輪迴痛苦深淵的一條路徑。」那麼，我們要培養慈悲心，要對他人好，目的是要追求個人脫離苦海成就自己變成菩薩嗎？

這個說法聽起來也怪怪的。難道慈悲心背後眞正的目的是追求個人最大利益？慈悲心不是要利他嗎？怎麼搞半天還是利己呢？如果內心背後眞正的起心動念是利己，這還算是慈悲心嗎？如果只是把幫助別人當作成就自己的手段，還能算是慈悲嗎？這裡我們似乎陷入了理論上的矛盾。如果不是爲了要成就自

己，爲何要修行慈悲心；如果主要目的是成就自己，那算慈悲心嗎？

「人我區隔」導致利己與利他的矛盾

以我個人的哲學思考與修行體驗來說，這個問題並沒有一個理論上的簡單解答。只要利他背後的眞正理由是利己，那就不是眞的利他。不是眞的利他就不能叫做慈悲心。但如果沒有利己的成份，單純談利他會覺得莫名其妙，找不到爲何必須如此的初始動機。

然而，這整個讓我們陷入困境的思維是立基於一種「人我區隔」的架構在思考，這個架構就是「我就是我、你就是你，爲了我就不是爲了你、爲了你就不是爲了我，兩者是完全分別的個體。」這個架構本身才是陷入泥沼的關鍵，讓我們難以找到合理的解答。假設人的處事動力在於利己，那麼，利他行爲的動力自然也在於利己，但以利己爲出發點的利他就不是眞的利他。在這個思維架構下，單純的利他行爲就變得不可能了。

只要內心抱持這種人我區隔的思維架構，就無法解決這個矛盾。要解決這個矛盾，就必須先破除利己與利他的絕對區隔。只要能破除，就可能找到一條掙脫出這個思維泥沼的路，從無明中醒悟，進而化解這個矛盾。

先放下人我區隔的架構，用不同的視角看利己與利他。當慈悲心作用的當下，他人的悲與喜，其實就是我的悲與喜。尤其對某些情感緊密結合的親子或情人來說，對方的痛苦甚至比自己的痛苦更難忍受，恨不得自己才是受苦的一方。在這種心境下，幫助他人的同時也是幫助自己。利他其實也是利己。反過來說，如果我們知道他人關心自己，自己的痛苦會讓他人感到難受，在慈悲心的照耀下，為了不要讓他人感到難受，把自己照顧好，這利己的同時，也是利他。

跳脫人我區隔才能生出真正的慈悲心

慈悲心本身其實就是人我不分的，修行慈悲心，也是打破人我區隔的一個有效方法。當我們的思維陷入人我區隔的觀念，便會扭曲慈悲心的作用，製造虛妄的困擾。問題不在於慈悲心，而在於無明的思維與執著。當慈悲心不受這種人我區別的分別心干擾，就能發揮出神奇的力量。

自己的喜怒哀樂，干擾著整個世界的運作，也干擾著周圍人們的喜怒哀樂，而他人的喜怒哀樂，也干擾著世界與自己的喜怒哀樂。那麼，我們可以試著把每一個人的喜怒哀樂看成是一個個小湖泊，所有這些小湖泊都和中間象徵世界的大湖泊相通。從喜怒哀樂的變化來重新看自我，試著思考「我是誰？」

在人我區隔的框架下，我們原先把這個小湖泊當作是我，把其他小湖泊當作是他人，兩者是獨立存在的。但實際上，所有的水流都通向每個地方，我的小湖泊自然和我最相近、最密切，但卻不是完整的我。如果我們希望整個湖水是清澈的，這不僅是利己也是利他。如果我們打破這種人我區隔，那整片湖水其實就是完整的自我。在這種思考框架下，利己和利他並沒有什麼區隔。慈悲心是利他、也是利己。而慈悲心的目的，是利己，也同時是利他。

所以，如果可以先跳出這個封閉性的自我框架，向外延伸，從擴大自我來溶解原本虛妄的自我，從單純個人的情感進化成更大整體的情感。在整體中，人我難分，利他和利己重疊，在這重疊裡，就是慈悲心。也就是說，慈悲心連通了他人與自我，同體大悲。

從這角度來看，我們也可以發現利己與利他不重疊的部分，就不是慈悲心的作用。就像佔別人便宜，利己而不利他；或是不情願地讓人佔便宜，利他卻不利己，都不是慈悲心。換句話說，如果把他人小湖泊的污水引到自己的小湖泊裡，這種利他未必是真的慈悲心。而把自己小湖泊裡的污水引到別人的小湖泊裡，也只有短暫離苦的假象，到頭來污水還是會污染整個湖面，帶給自己害處，更不是慈悲心的作用。

然而，某些看起來像是利己的行為，也可能是慈悲心的表

現。只要這種利己同時也是利他，而且心確實繫於利他的念頭。例如，一個有能力、很重要的領導人，為了能夠完成更多使命，接受護衛的保護，雖然看似利己，也可能是源自於慈悲心的作用。另外，並不是所有看起來像是利他的行為都真的發自於慈悲心，就像那種幫助別人後會讓自己恨得牙癢癢的，就不是慈悲心的作用。所以，在這種心境下做善事不是慈悲心的修行，勉強行善無法培養慈悲心。所以，如果有人捐出所有財產，但內心很不情願，就算對他人發揮很大的幫助，也不是慈悲心的作用。但只要發揮內心想助人的心情，即使只有一點點幫助，也能培養慈悲心。

慈悲心不是心意到就好，還需在意結果

另一個重要的觀點在於，人們常說，「有心就好」，或是「心意最重要」。但從利他與利己的重疊處來說，這種說法是錯的。因為如果發出慈悲心做出幫助他人的行動卻沒有獲得成果，甚至幫了倒忙，反而害了別人。這不僅沒有達到利他的後果，也沒有達成利己的成果，這樣慈悲心可以說是失敗的。慈悲心的發出，必須考慮後果，而且需要盡心達到最佳成果。如果沒有這樣的意圖，只是一個簡單的善意，就不算是真正的慈悲心。

所以，慈悲心不僅僅是一個幫助他人的動念，還包括了構

思如何達成最好結果的思路，以及真能達成目標的結局，才算慈悲心的完成。如果一開始就知道不會有任何成效，那樣的努力就只是演出一場名爲慈悲心的戲碼而已。

看到一隻受傷的流浪動物，明知沒有救了，卻還硬要施救，不是慈悲心。但若在當下能停下腳步，安撫牠、陪伴牠，讓牠在愛中離去。即使無法挽回一條生命，也是慈悲心的展現。

慈悲心的修行

那麼，慈悲心該怎麼學？如果沒有先思考何謂慈悲心，會有一種慈悲心不難學的錯覺。深入了解後，會發現學習上的困難，以及大多數人學錯了方向。

平常學習慈悲心時，學到的其實都只是表面。由於我們知道慈悲心會發起幫助他人的動念，所以，誤以爲學習慈悲心就是去幫助別人。但是，幫助他人的行動中，未必包含了慈悲心。行動很容易學，起心動念卻很難。光只是行動雖然也有其價值，但對於培養慈悲心不見得有幫助。缺乏慈悲心而去幫助別人，還說不定會培養一個自以爲很了不起的傲慢之心。

學習慈悲心是屬於一種內心的修行。要學的是那個起心動念，而不只是起心動念後所做的善行。所以，培養慈悲心不是只是做善事即可，重點在於做善事背後的那顆關懷之心。達賴喇嘛

在解說《心經》時主張，「**真實的善是內心有一種強烈的感受想要眾生免於受苦，這種善念才能升起強大的慈悲心。**」而培養這種強大的慈悲心，需要先培養出對眾生的親密感與同理心才行。而這其實需要長時間努力修行才能自然升起。在這之前，都需要刻意先站在他人與他物的角度思考，才能跳脫個人意念，達成與他心融合的同理心。而在培養同理心方面，達賴喇嘛則在《轉念》一書中說，「**認識苦的本源，就更容易看見他人所受的苦，將自己想要從苦中解脫的心情，專注在他人痛苦的經驗上，感同身受，就更容易產生同理心以及真正的慈悲心了。**」

儒學與西方哲學培養慈悲心的方法

跟慈悲心類似的觀念在中國哲學裡稱之為良知、惻隱之心、或是仁心。在西方哲學裡，亞里斯多德談的德性也很有相關性。在如何學的問題上，可以參考不同的想法。

以王陽明的良知學來說，他認為培養良知的方法是「致良知」與「知行合一」。「良知」就很像是慈悲心，屬於內心善的根源。我們都可以發現內心潛藏著的一個善的源頭，而喜歡做善事。如同小孩看見受傷的小動物，自然會希望小動物可以得救。但這樣的本心一開始並不清楚明亮，而是隱晦不明，容易受到其他心念的影響，而做出違背良知的事情。例如，小孩可能會被玩

興引誘而欺負小動物。

「致良知」就是要我們把良知擦拭清楚，讓它更明白顯現，並且去跟隨它，而這也就是所謂的「知行合一」，讓行動符合良知的作用。而這整個過程，就能讓我們把注意力投注在良知上，只要不斷把注意力投向良知，並且讓它引導我們的行為，良知就會越來越清楚明白的呈現在我們心中。這和達賴喇嘛在《轉念》一書中所說的類似，「**你越專注在慈悲的對象，你的慈悲心就越強烈，而且越來越多。**」

如果我們把這種作用方式也當作是培養慈悲心的方法。那麼，慈悲心就是本來具足的東西，它就在我們的心中，一點也不少，我們並不是要擴大慈悲心，而只是要讓原本就在心中的慈悲心從隱晦中顯現出來，讓它來引導我們的人生。只要慈悲心的顯現越徹底，感覺上就像良知一般越清澈、越強烈、越多，內心也就逐漸如一輪明月般照耀。

然而，如果尚無法打開慈悲心的眼界，光是模仿善行，是否有助於培養慈悲心呢？要回答這個問題，可以考慮亞里斯多德的想法。他認為，德性的培養，需要依賴習慣。也就是說，如果我們要培養行善的德性，可以透過養成善行的習慣。由於德性也是屬於內心的一種品質，而這樣的改變或許也有助於慈悲心的開顯。然而，從另一個角度來說，如果善行可以獲得成果，就可以獲得助人的喜悅，而這樣的喜悅，或許也是打開慈悲心感

受的重要開端。所以，善行本身即使無法直接開顯慈悲心，但應該還是有幫助的。只不過，如果善行並沒有獲得成果，甚至讓自己感到生氣，或是即使有成果卻讓自己感到自大，這樣的情況，對於慈悲心的開顯，卻是有害的。

素食培養慈悲心的方法

在日常生活的修行中，西蓮淨苑的慧通法師以拒絕吃葷為例分享修行方法。吃素只是一個行動，行動本身未必能夠培養慈悲心，就像有人為了養生而吃素、或有人單純因為信仰被教導吃素但在不明就理的情況下，都無法培養慈悲心。然而，當吃素背後的動機是不希望自己的快樂建立在動物受苦的基礎上時，吃素的同時，就在避免葷食，避免葷食總會想到不希望動物受苦的心意，這個心意就是慈悲心的作用。所以，即使行為本身無法培養慈悲心，但如果與這些行為相關的其他心思可以引發慈悲心，也可以對培養慈悲心有所幫助。就像在人際關係中，如果時時想著「不要傷人」，就自然會去思考他人心裡的感受，這對培養同理心很有幫助，也同時能協助培養慈悲心。

（四） 發心與道德實踐的修行

　　在佛教的修行上，有所謂的「發心」。例如，「發心要蓋學校」、「要保護流浪動物」或是「決定要用畢生之力推廣素食。」這些是常見的發心類型。發心有點像是一種誓言，像是跟自己、或是跟神佛說，我決定要完成某某事情。當然，發心要做的，都一定是好事，至少自己覺得是好事。我們不會發心說要殺十個人，也不會發心要變壞。如果不符合一般價值觀，至少不會用發心這個詞彙。

　　但稱其為「誓言」或許太過沉重，因為違背誓言是一件很不得了的事情。但如果發心後最後卻沒做到，並沒這麼嚴重。所以，發心更像是宣告自己的一個決定，即使一開始就沒把握能做到，但只要願意努力去做，也是很好的事。那麼，我們從哲學分析的角度來思考一下，發心的意義是什麼？為何要發心？以及發心在修行上有什麼作用？

發心不一定全來自於慈悲心

首先，發心要發什麼心呢？一般而言，所發的心經常跟慈悲心有關，因爲慈悲心的作用而做出一個決定。就像菩薩以度盡衆生爲職志，於是發心「地獄不空誓不成佛」。一般大衆也可以依據慈悲心，發心在貧困國家蓋醫院、建學校，讓貧窮大衆都有就醫、就學的機會。

但是，發心的緣起也不全來自於慈悲心的作用，有些只是理智上的判斷。例如，發心在落後地區蓋學校的心情，不一定是覺得小孩沒唸書很值得同情，因爲若從不同觀點來看，小孩不唸書也不會怎樣，說不定還活得更快樂，對於無法就學的小孩來說，好像也不能說有多麼可憐。所以，發心不一定來自於慈悲心，也可以單純經由理智思考，認爲這是一件值得做的事情而去實踐。

從理智角度來說，我們認爲唸書可以提升自己、獲取知識、追求成爲人生勝利組的機會。由於失去這個機會很可惜，所以希望所有想唸書的小孩都有機會翻轉人生。基於這樣的思考，我們認爲協助貧窮地區蓋學校是一件好事，於是發心想完成這樣的事情。這樣的發心就比較像是理性思考後的結果，而不是來自於慈悲心的作用。當然，廣義上來說，把這些關心他人的心理都歸類爲慈悲心也沒什麼關係，在這種定義下，這些也都可以算是慈悲

心的作用。但這裡我們分細一點會比較好討論，至少區分成情感上的，以及理智上的不同動力。因為兩種驅動力對人心的作用是很不一樣的。

如果以王陽明主張讓良知彰顯的目的來說，良知的作用屬於情感上的作用，具有較強的驅動力，但理智層面的發心比較不屬於情感上的觸動，較不具有自然發動的作用力。舉例來說，在街上看到一個可憐的乞丐時，一個較具有同情心的人，會自然發起行動力去幫助他。感受越深刻就越容易產生行動。而去行動就是知行合一的修行，也就是能夠讓類似良知的慈悲心作用，越用越清晰。像是不斷擦亮內心明鏡一般的修行。

但是，太過依賴情感作用則會有問題。例如，如果由於某些因素，當下並沒有引發強烈的同情心，就比較不會訴諸行動。這種可能因素很多，像是正在忙著其他事情時、生活煩躁而對人的同理心較弱時、或甚至那個乞丐長相醜陋、發出臭味讓人不想靠近時，不管因素為何，在這種內心比較缺乏情感動力的時刻，慈悲心就很難作用。

另外，恐懼也會降低慈悲心的效用。例如，如果在職場上同情被上司霸凌的人而上前幫忙，自己也會受到牽連，這種時候慈悲心常不足以克服恐懼感，此時若要發心幫助弱者，需要運用理智思考與意志的驅動力。

　　理智可以靠著一股發心告訴我們，無論如何都必須實踐。這時的行善動力仰賴的就不再是內在情感，而是支配自己的意志。所以，針對理智上覺得好的事情而發的心，較不屬於培養內在情感的慈悲心的一環。它的作用，其實屬於另一種修行。

佛教的發心與康德的道德實踐

　　這裡，我們可以參考一下西方哲學家康德（Immanuel Kant，1724 ～ 1804）的道德哲學。康德認為，「發自內心想要去幫助別人而產生的行動其實不能算是道德實踐。」是的，你沒看錯，也沒有印錯。對大多數東方文化來說，以仁心（良知、慈悲心）爲本，去實踐道德，是最重要的知行合一的道德實踐。但康德卻認爲，這不算是道德實踐。

　　當然，發自內心幫助別人是件好事，康德不會反對，甚至也覺得應該多多益善。重點在於，康德不認爲這是眞正的道德實踐。在他心中，眞正的道德實踐是在理性上覺得一件事情是好的，然後依據意志去行動，而不是以情感爲動力去完成。

　　例如，當我們看見一個需要幫助的人時，心中升起憐憫的同情心、慈悲心、或是仁心，然後依據這樣的情感爲動力去幫助他人，這是我們一般認爲的道德實踐。但康德不認爲這叫做道德實踐。

　　從康德的觀點來說，即使因為某些因素沒有升起慈悲心，例如這個遭遇危難的可憐人剛好是我的競爭對手，甚至是敵人時，同情心便不容易升起，但即使如此，當我理性上認為應該幫助他，然後依據我的意志去幫助他，即使內心一點都不想幫忙，仍然去行動。這樣的行為才是康德心目中的道德實踐。

　　也就是說，在缺乏情感驅動善行的狀態下，理智發揮作用，即使沒有內在動力、甚至還有很不想幫忙的反動力，仍然依據理性的決定而行動，才是康德心目中的道德實踐。這種來自於理性與意志的道德實踐，就很類似這裡所談的「發心」。

　　當我們認為一件事情是好的，然後發心宣告要完成它。完成的過程並不容易，無法完全依賴內心情感的衝動，而是理性上認為自己應該去做，而實踐的過程可能很艱辛、甚至很挫折，但意志帶領著自己堅持走下去。

　　就以老師這個職業來說，學生的努力永遠都不會符合老師的期待。所以，挫折感總是環繞著老師們。而挫折感就容易導致怠惰，對課堂的準備工作就會開始變少。因為當老師為了一堂課準備了十分，卻只用到三分，而功效只有一分的時候，就自然會把準備工作降到五分以下了。但實際上，當準備工作降到五分時，可能只能用到兩分，功效可能連一分都沒有。這時老師可以發心不要受情緒干擾，堅持準備十分。這種堅持無法仰賴教學所獲得的成就感來支撐，也無法依靠老師燃燒熱情來持續，

只能依靠理智上覺得自己該這麼做的意志堅持下去。

　　這整個發心、實踐、與完成的過程，就是康德心目中的道德實踐。那麼，康德這種道德實踐的意義是什麼呢？

堅持做對的事情的修行

　　康德最著名的一本書叫做《純粹理性批判》，這本書主要分析知性與其限制。結論是知性其實無法通向真理。而續集叫做《實踐理性批判》，這本書告訴我們道德實踐可以觸及真理。所以，從這個角度來說，屬於道德實踐的發心，是一股力量，這股力量是透過道德實踐來掌握真理。然而，道德實踐如何可以觸及真理？

　　康德的理論比較複雜，很難三言兩語講清楚。但以我個人的道德實踐經歷來說，道德實踐可以純化一個人的人格，在不斷追求公平正義的過程中，理性將撥開各種情感的誘惑，培養坦蕩的胸懷，轉化一個人的內在。當內在轉化到某種程度時，就像走出迷霧瀰漫的森林，霧散了，燈亮了，一切都更清晰可見，新世界油然而生。這種轉變，也是古人所謂的「有真人後而有真知」的一種模式。當自我轉化到某個程度，自然就可以見證這樣的變化。

　　這種變化，是打開神秘經驗的一種方法。從佛學修行的角度來說，便是一種證悟。這種證悟，或許類似於儒家感應天命的領悟。中庸說：「天命之謂性，率性之謂道，脩道之謂教。」透過發心的修行，調整生命實踐的道路；透過道德實踐，展現內在天性；透過對內在天性的掌握，進而領悟天命。

（五）無常世界觀的修行

　　在哲學方面，有些哲學問題很難，但有時這種困難完全是語言文字的誤導造成的，這類難解的哲學問題稱之為「偽問題」。顧名思義，它們看起來雖然像是一個問題，但不是真的問題，只要能剝開問題的表皮，裡面空空如也。

　　如果沒有先看穿虛假的表面並解除偽裝，在專研這些偽問題之後，會形成更奇怪、更難理解的哲學理論，思路將完全迷失在虛構的叢林陷阱間，找不到問題的癥結。當然更找不到解答，因為根本沒有解答。

偽問題無法被「解決」，只能被「解消」

　　這種時候，我們必須回到問題的起點，設法揭開偽裝，讓問題消失。在思考方法上，這是所謂的「解消」一個問題的方法，而不是去解決一個問題。所以，有些問題需要被解消，而不是被

解決。

　　舉例來說，「先有雞還是先有蛋？」這雖然號稱「千古難題」，但其實只是由語言陷阱所造出來的偽問題而已。它的難，不在於答案很難找，而在於問題本身的混淆不容易被發現。當我們把問題裡的「雞」理解成「雞蛋孵出來的生物」，又把「雞蛋」定義成「雞生的蛋」，在這種文字意義下，「雞」和「蛋」就變成了循環事件。由於循環事件無所謂先後，當我們硬要去問先後時，就陷入了語言錯誤使用的陷阱，這個陷阱製造了一個無解的問題。所以，除非我們換一種定義，否則不可能解答它。但只要解開這個語言陷阱，就能使難題消失。

　　雖然有些大哲學家，像是維根斯坦（Ludwig Wittgenstein，1889～1951）大膽宣稱多數哲學問題皆屬此類。尤其那些令人難以理解的問題，容易被認為是偽問題。但經過哲學家們百年的探索，發現並非全然如此。有些想法本身其實就很有難度，光是理解就很困難了。例如若要談論各種高深修行體驗的過程就很困難。如果某些哲學問題和這類想法相關，或甚至是以這些想法為基礎，那麼這些哲學問題自然很難理解。如果想法本身是有意義的，問題通常也是有意義的。

理解新世界觀必須有能力先拋棄舊世界觀

在哲學領域裡，有許多想法和大眾習慣的想法不同、預設不同、甚至思考方式也不太一樣。差異越大，就越難理解。如果無法站在現有知識基礎來理解的觀點，就更難了解，等於是換一種新的世界觀在看世界。

要理解一個新的世界觀，需要先拋棄慣用的世界觀，從一個不同的角度看世界。如果沒有先拋開現有世界觀，重建一個新的觀點，無論如何都只會誤解。而且，由於語言文字會自然攜帶現有世界觀的某些含意，當世界觀轉變，但卻使用原本的語言文字時，由於這些語言文字所習慣攜帶的含意會跟著世界觀的不同而改變。當一個人尚未能夠轉換世界觀，就會受限於語言文字的原本框架，這時就很容易被誤導。

舉例來說，在牛頓物理的世界裡，每樣東西都在空間中的某個位置。一旦我們習慣於這個世界觀無法跳脫，在學習量子物理時，當我們看到「一顆粒子」，就容易想像這顆粒子在空間中的某個固定位置，或是想像這顆粒子在好幾個不同的位置一直跳來跳去。但這些想像都不適當。最好的方法，就是放下原本習慣的世界觀，學習轉換另一種世界觀，重新觀察世界。

佛學的無常世界觀

　　佛學的難，除了裡面可能也隱藏著在學者探討理論的過程中遺留下需要解消的問題之外，還包含了其訴諸了一個很不一樣的世界觀。這個世界觀簡單的說就是一個「無常的世界觀」。它用了一個完全不同於一般大眾想法的觀點在看世界。學習這個世界觀，就是轉換我們看世界的方法，這是屬於一種改變世界觀的修行方式。首先了解它，而後經常性的運用它，最後形成新的習慣。

　　要談佛學的世界觀，可從其最基本的教義「三法印」來談。三法印雖然是三個，但實質上觀點是相同的，談的可說是同一件事，這一件事就是佛學的無常世界觀：**「諸行無常、諸法無我、涅槃寂靜。」**

　　「諸行無常」指的是所有事物都是因緣而生，沒有自性。這個觀點和現在大家習慣的世界觀來比較，最主要的特點在於，「不要把任何一件事物，當作是獨立運作的一件事物來看。沒有一件事物是單獨而可以存在的。」

　　這個說法其實並不好理解。如果用我們習慣的世界觀為依據來理解這個無常世界的特點，我們會想像「世上一切事物都有關連性，牽一髮而動全身。」但這不是正確的解讀，它們不僅僅是有相關性而已，它們是依賴其他事物而能存在，沒有所謂

的「它們自己」這樣的東西。舉個例子來說，我桌上有一隻筆。用我們習慣的世界觀來看，這支筆是存在的，那是因為這支筆是一個客觀具體的存在。組合成這支筆的所有單位，包含著其內的分子、原子等等，也都是客觀具體的存在。

　　那麼，當我們運用「諸行無常」的世界觀來看桌上的這一隻筆，我們會看到什麼呢？首先，我們先來看最簡單的解讀。由於一切事物都是無常的，所以這支筆的存在並不是永恆的，它任何時間都可能損壞。如果我們很愛這支筆，誤以為它是永恆的，就有可能在某一刻失去時感到痛苦。所以，只要認識這種無常的屬性，就不會抱持過度的期待，也就不會產生太大的痛苦。

　　這是對無常世界的一般性解讀，這樣的解讀也沒有錯，但不夠有深度。而且這樣的解讀和我們原本的世界觀並沒有任何衝突。這支筆還是一個客觀存在物，只不過「諸行無常」提醒我們這種存在並非永恆。而實際上，就算以習慣的世界觀來看，這支筆本來就不是永恆的，只是我們有時會忘掉而產生煩惱。當我們無法跳脫習慣的世界觀時，也只能用這樣的方式來理解諸行無常。

將主觀條件納入的諸行無常觀

　　當我們跳脫現有世界觀，轉換成諸行無常的世界觀，「存

在」就不再是完全客觀存在的意義，而必須把相對應的主觀條件納進來。所以，存在是一種「對我的呈現狀態」。這和現象學家海德格（Martin Heidegger，1889～1976）的觀點類似。當我說這支筆存在，意思就是這支筆正在對我呈現。而要達成這個狀態，需要許多因緣聚合的條件，除了物理上的條件、還有認知上的條件、需求上的條件、操作上的條件等等。首先我必須要能認知到它是一支筆，因爲需求而產生互動，以及我有手、有力以及能使喚肌肉運作而操作它，在這些條件符合時，這支筆的存在才能成立。當任何一個條件的因緣滅了，這支筆的存在就不再成立了。

舉例來說，如果我不知道它是一隻筆，那麼，對我而言，「看見一隻筆」的情況就不會發生。如果一個社會不需要筆，這支筆在這個社會上也不會成爲一隻筆。另外，如果把這支筆放在無法使用它的外星球，就算告訴它們這支筆的用途，也無法以筆的方式存在。簡單的說，如果我從現在開始突然不知道什麼叫做筆，這支筆就不再是一支筆。或者，我從現在開始忽略它，它的存在性也就消失了。

說到這裡，多數人會回應說，可是這支筆終究還是在那裡啊！不管主觀上怎麼想，也不會影響它的客觀性。會有這種想法很正常，這表示我們要擺脫習慣的世界觀很困難，因爲這樣的想法就是回到原本的世界觀在看一切事物。剛剛已經說了，轉換了

世界觀，語詞的意義就不一樣了。在新的世界觀中，所謂存在，指的就是對我的呈現狀態。沒有了主觀認知，就不會對我呈現，也就失去了存在性。而改變了主觀狀態，存在性也跟著改變。當然，這並不是說主觀就是一切，因為如果沒有客觀物理條件，也無法對我呈現出任何東西，也一樣不具有存在性。這些條件的因緣聚合，才形成了這支筆的存在。

這時，可能會有人想問另一個問題，原本客觀的世界觀才是正確的吧！何必採用奇怪又錯誤的世界觀呢？其實現有世界觀未必是對的。但這是一個很大的哲學問題。尤其在量子力學的研究中，我們發現現有世界觀已經到了無法理解量子世界的局面了。甚至已經有大哲學家像是耐格（Thomas Nagel）主張，「現有屬於客觀唯物的世界觀一定是錯的。」我們需要換一種角度看世界。至於佛學的角度是不是真的比較好，這當然值得研究討論。但在討論之前，我們得先搞懂它才行。

諸行無常的世界觀對日常生活很有用

在諸行無常的世界觀裡，除了物體存在性的因緣聚合與幻滅觀點之外，更適合用於觀看各種想法、關係、原則。舉例來說，假設某人很自傲自己的人際關係良好，我們如何以因緣聚合、諸行無常的角度來觀看呢？

　　首先，任何事物的呈現都是許多條件因緣聚合的結果，只要其中任何一個條件不在了，這個事物就可能幻滅了。假設我和某人關係很好，這種關係絕不會是永恆的，或是由單一條件成立的。但我們常會有種錯覺，誤以為關係好就會一直好下去，好像一切操之在己，是個人交際能力的展現。但諸行無常的世界觀告訴我們，實際上不是這樣的。兩人關係好是由諸多因緣聚合的結果，除了雙方的交際能力、生活習慣、價值觀、朋友觀、耐性、喜好、地位、甚至和他人的關係、成長的背景、社會現況等等，都有關連性。任何一個條件改變了，都可能讓良好的關係破滅。例如，如果有位很有爭議的候選人出馬競選市長，原本關係良好的夫妻在支持與否的意見不合時，就可能形成關係的破口。如果沒有這個破口，一切可能如常保持良好的關係，但世事多變，即使原本條件不變，但時代變了，關係也可能跟著改變。或者，像是突然間傳染病疫情打亂了生活步調，有些本來關係良好的夫妻無法適應新的生活方式，最後決定分道揚鑣。這些聚合的眾多因緣常常都被我們忽略，誤以為這是一個有常世界，不僅無法提早預防事物的幻滅，也在無常來臨時更顯驚慌失措。

　　從諸行無常來看各種價值觀也是一樣。事物的好壞、善惡與對錯，關連於眾多因緣，眾多條件的聚合，並非一成不變。在諸行無常的觀點下，便較容易抓到可以不拘泥於各種法則的智慧，提升處事能力。

當我們把這種因緣聚合、無自性的無常世界觀套用在「我」的存在上。其實就是「諸法無我」的觀點。「我」是由各種經驗、情感、情緒像火一般升起的連續體，每一項聚合的因緣都在生生滅滅，它就是聚合的產物，背後並沒有任何本源性的存在體。

而最後的「涅槃寂靜」，依據一行禪師在《佛陀之心》書裡的說明，「這是一切概念的止息。」也就是當我們把這種無常的世界觀轉向觀看一切概念時，概念的本源性存在就幻滅了。由於概念是思考的基本框架，當所有概念幻滅的一刻，思考框架就跟著幻滅了。沒有了思考的框架，內心的直觀就徹底自由了。這種寂靜，並不是耳朵的靜，也不只是內心不起風浪的平靜，而是思考框架所引起的分別心消失後，呈現出來的一個沒有亂源的內心世界。

一步一步去轉化我們的世界觀，屬於心智的修行，當內心世界能夠完全反映出無常世界觀，也是一個證悟的修行。

六 靜坐修行

　　講到佛學的修行，就一定會讓人想到靜坐，而且有人以為佛學修行就等於是靜坐。這當然是錯誤觀念，修行有很多面向，靜坐只是其中一個。不過，也確實是很重要的一個。那麼，靜坐的目的是什麼呢？這是一個什麼樣的修行方式？

　　「靜坐」，就如同其字面意義，安靜的坐著。這是從外觀察所看見的現象，靜坐的人就安安靜靜的坐在一個地方，一動也不動的。但這只是表面，不是真正的修行，此時此刻的修行在於內心的奮戰。

靜坐時的內心世界

　　當我們停止身體的行動，不再去做任何事情，心並不會立刻跟著停下來。所以通常在靜坐的開頭，內心是煩雜甚至焦躁不安的。這時如果立刻站起來，去做一些其他的事情，或是去玩玩

線上遊戲，焦躁不安的心情很快會被移轉的注意力蓋掉，感覺反而更輕鬆愉快。所以，這樣的經歷會讓人覺得自己不適合靜坐，因為靜坐反而帶來困擾。但事實並非如此。就像是想要前往百花盛開的對岸，就必須橫跨一條溪流。但在溪流中步履維艱，還不如留在原地來得舒適。但只要走過去了，就柳暗花明。

然而，心若不靜下來，就無法看見更深刻的自己。當我們一直處於忙碌狀態，就會一直迷失在世俗的喜怒哀樂裡，而這種不自知的迷失，是苦的主要根源之一。

靜坐時，只要設法忍過最初的焦躁與不安，內心的混亂會自然沉澱，就像把熱水倒進茶葉裡的最初時刻，茶葉在杯中四處擾動，但只要靜靜擺著，不去干擾它，茶葉就會慢慢沉到底部，留下沉靜的一杯茶。

相同的，靜坐時只要不去擾動情緒，心也會慢慢靜下來。但「不去擾動」是一種能力，需要鍛鍊，越常鍛鍊，靜下來的速度就越快，一開始的焦躁程度也會降低。對於剛開始想嘗試靜坐的人來說，如果很難忍受最初的煩躁，可以用其他方式讓自己先沉澱再來靜坐，像是聽音樂、散步、或是打太極拳之類的活動。

透過專注停止雜念

靜坐，讓我們關上面對世界的門窗，開始仔細面對內心世

界。當忍過最初的焦躁，心思開始沉澱之後，雜念便會開始不斷湧現。雜念會讓心思神遊，在這種情況下，一樣無法觀看內心。這時，面對的挑戰是要盡可能停止這些雜念。停止的方法就是不要放逐自己的意識隨波逐流。

「不要放逐自己的意識隨波逐流」，這句話說起來簡單，要真正做到可沒這麼容易，尤其一開始，就像企圖在流動的河裡停下小舟，根本不可能。我們必須訓練出停止思路的能力。要做到這點，訣竅在於把自己的心思轉移到一個比較單純的思路上，並且讓自己專注。所謂專注，就是把大部分的心思集中在一個點，只要夠專注，至少在專注的當下，雜念就不見了。

例如，如果把注意力放在耳朵上，專心聽某種旋律，例如南無阿彌陀佛的反覆誦讀、或是一種可以讓自己放鬆並且沒有什麼情緒起伏的音樂。如果在郊外，也可以直接聆聽大自然。或是利用視覺，把注意力放在鼻頭的視線上。或是觸覺，專注於身體上的各種感受。這些都可以隨自己的喜歡選擇。重點在於藉由專注讓自己無法有多餘的心思去跟隨雜念。

所以，靜坐其實也是一種訓練專注能力的好方法。即使不打算學佛修行，也可以藉由靜坐來鍛鍊專注力。專注，可以讓人的大腦發揮比平常更大的力量，無論是記憶力或是理解力，都能有效強化。針對日常生活來說，除了專注力，靜坐的功效還有提升意志力與耐性，這些都是很重要的處事能力，所以即使沒有打

算做佛學修行，也很建議學習靜坐。但以修行來說，靜坐的主要目的則在於體證終極寂靜的無我世界。

靜坐帶領意識深入內心世界

在靜坐中，只要持續專注一段時間，心念會變得較為單純，紛杳的雜念就不容易升起。這時，我們的意識就進入到內心較深的位置了。

只要透過靜坐，經常性地到達這個階段，熟悉這個深度的自我，就可以訓練出在生活中，即使沒有靜坐也很容易觀察此處心思活動的能力。由於這裡是許多起心動念的源頭，尤其可以看見貪、瞋、痴在內心的作用。我們便具備了一個可以時時觀察自己，認識自己，並且改變自己的契機。對於生活中的離苦得樂會有很大的幫助。

專注數息的靜坐法

如果針對「專注在一點」這件事情有困難的話。也可以用許多出家法師都會建議的數息的方式。「數息」就是數自己的呼吸。許多人認為這是讓自己專注的最好方法，我個人也很喜歡這種方式，而且覺得效果卓越。當然，方法大多因人而異，如果覺

得這個方法不適合自己，那也沒什麼關係，就去尋找更適合自己的方法就好了。

數息是有技巧的，不像是失眠時數綿羊一樣光是一個一個數下去就好。數息的目的在於專注，所以還是需要有可以讓自己專注的心思活動。當我們開始調整適當的呼吸節奏時，一吸一吐之後，數一。第二次呼吸時，數二。在這個當下，雜念會不斷升起。除非是功力高深的修行人，否則不太可能會沒有雜念湧入。有雜念沒關係，只要心思不要跟隨雜念就好。例如，突然想到前幾天上司的惡言相向。出現雜念沒關係，這是屬於心思的正常狀態，但重點在於不要去思考這個事件、不去理會它，將之當作過眼雲煙，如同煙霧在眼前裊裊升起，它是它，我是我，互不相干。只要意識不跟隨，心就繼續往深度走。就像一片落葉掉落湖面，只要不受漣漪干擾，它也能緩慢下沉。

雖然雜念出現時，一定會把我們的意識拉過去，也就是一定會意識到這個雜念，但不要跟隨它，也就是拒絕去想那些事情，讓意識回來繼續專心數息。當然我們可能會意識到自己正在拒絕去想一件事情，正在拉回自己的意識，但這算是一個雜念嗎？不管是或不是，一樣不去思考、不去理會，持續專注。數三。

如果成功把意識從雜念中拉回來，不同的雜念會陸續出現，並且不斷想把意識拉過去。每一個念頭、每一個瞬間，都是一場危機，意識可能在不自覺中就神遊走了。所以，我們必須專注在

每一個瞬間，不停的專注，不停的返回，而後數息。數四。

萬一在某個瞬間失守了，沒有把自己拉回來，意識就會跟著那個雜念開始進入想像世界，我們的下意識可能不由自主的還在繼續數，但已經沒有專注在自己的數息了。這種情況發生時，就是專注數息的嘗試失敗了。發現失敗後，不管已經數到多少，都是沒有意義的。但沒關係，失敗再多次都無所謂，這種失敗不會付出任何不好的代價，無論如何都比沒有嘗試來得更有價值。所以不用氣餒。這時，我們就重新開始。數一。

通常，只要能維持這種專注力數到十，心就靜下來了。到了這個階段，可以不用再數，盡可能讓自己的心靜止在那個當下，只要夠靜，就會慢慢沉入更深的內心世界。這裡所講的「靜」並不是指聲音上的安靜，而是內心的寧靜，不隨雜念而起波瀾。

如果在某個時刻，雜念又起，那就再把自己拉回來，如果無法立刻停住雜念。就再重新數息。如果可以持續在靜心的狀態，依據不同的道行，會進入不同的內心深度。

藉由靜坐，證悟無我

在靜心狀態下，很容易產生特殊的神秘經驗。據說不同的人會有不同的感受，甚至出現某些幻覺。我想這些狀況很容易理解，各種感覺本來就和大腦狀態息息相關，當我們開始靜心，

大腦顯然處在一個跟平常不太一樣的狀態，一定有許多地方有著多餘的神經傳導還在繼續漫遊中，這些神經傳導自然會製造出一些跟平常不太一樣的感覺現象。

　　依據許多資深修行人的建議，不用理會這些特殊感受，它們通常不具有什麼特殊意義，而且只要不理會，很快就會平息。靜心最重要的並不是要獲得這些感覺或是幻覺，而是要走向內心最深的地方。不管這些神秘經驗多麼有趣或是愉悅，都只是讓我們分散注意力的干擾而已。如果這種神秘經驗是不愉快的，那就更不用流連忘返了，當然也不用在意，忽視它們，繼續專注，讓意識帶領我們回到內心最深沉的地方。在那裡，我們可以見證最寂靜的世界、沒有內容的純粹意識，獲得無我的直觀體驗。這也是靜坐修行最重要的使命。

七 哲學實踐 vs. 佛學修行

　　學佛的人常會觸及到一個問題，「佛學是一門哲學嗎？」有人說「是」，也有人說「不是」。兩個答案其實都對，因為有些地方是，有些地方不是。另一個類似的問題則是，「佛學修行也是哲學實踐的一種嗎？」答案也一樣。兩者有類似之處，也有不同之處。

佛學與哲學都需要理論與實踐並重

　　以最早期的哲學發展來說，希臘哲學與羅馬時期的哲學體系都很重視實踐，也以追求幸福、離苦得樂為目標。那個時代的哲學，至少從目標來說，和佛學很相似。但到了現代，哲學幾乎只談理論而忽視實踐，只看學者在什麼等級的期刊發表了多少論文，完全忽視其個人生活與內在成長。這個部分和佛學修行者面對佛學的態度差異很大，但和當今許多只專研佛學而不修行

的學者其實也差異不大。只研究學理而不修行，就失去了佛學最初的目的；但只修行而不研究學問也不好，除非有名師指導，否則可能走錯方向還不自知，最後則誤入歧途，回頭恨晚。

比較哲學與佛學的論理方法

　　無論是否走上修行之道，哲學與佛學都很重視學理，也就是去思考理論的合理性。所以，兩者都很重視論理能力的培養。但兩者在論理方面也有很大的差異。主要差異在於其不能挑戰的依據是不同的。哲學不能懷疑邏輯；佛學則不能懷疑佛陀。

　　哲學思考以邏輯法則爲基礎，例如，「矛盾的敘述一定是錯的。」但佛學至少在語言的使用上並不侷限於邏輯，甚至常會出現矛盾的敘述。例如，佛學主張「一切苦來自於無明」，然後又說「無無明」。諸如此類，學習佛學的人必須在語言的矛盾中，尋找開啓智慧的契機。提升了智慧，就會發現這些矛盾來自於錯誤的觀點，並藉以破除這些觀點。而破除觀點後也不表示邏輯就是正確的，而是要在直觀中抓住邏輯之外的某些難以名狀的東西。這個東西可以稱之爲「空性」。也就是所有一切皆具空性。既然一切皆空，表示邏輯也是空，是不能完全仰賴的東西。

　　然而，佛學也有哲學所沒有的立足點。佛學在談理時較不會去否定、或是懷疑經典的說詞，頂多去懷疑經典記載有誤，至

少不會猜測佛陀想錯了，最終目標是到達佛陀的思想境界，而不是超越他，因爲佛陀已經到達頂點了。哲學則沒有類似的依據，不會認爲任何經典、或任何大哲學家一定是對的，所以會去挑戰所有理論，尋找理論的弱點，設法開創出更合理的主張，期待超越古人，完成完美理論的追尋。所以，哲學對所有理論先抱持懷疑的態度，嚴格檢視每一個主張。眞正完美的理論還不存在，等待人們去尋找。佛學則認爲眞理已經被佛陀證悟，我們要做的只是去理解、追隨、以及證悟它。

哲學從懷疑出發不斷尋找更好的理論

在學習的過程中，哲學重視談理是因爲這有助於我們了解現有理論的缺點，於是努力開發更好的理論。佛學也認爲談理很重要，原因則是因爲談理可以讓我們眞正學會各種佛學理論，也更清楚掌握自己的理解是否有問題，才知道該如何修正自己的理解與生命道路。所以，談理其實也是哲學與佛學共同的修行方法。

哲學的談理需要懷疑。先懷疑，才能看見理論的不合理之處。然而，懷疑雖然重要，但在開始懷疑任何一個理論之前，還必須先了解這個理論才行。否則，還沒看懂就胡亂批評，這個時機的懷疑根本沒有意義。要先搞懂了，才有懷疑的價值。這也是

哲學家們常說的，「要先走進去，才能走出來。」走進去，就是去了解、去相信。必須要先能走進去，才算是一個成功的學習。走出來，就是去反思、去懷疑。能走出來，才是學習的完成。

想要走進一個理論，就必須在理解的過程中，先假設這個理論的各種預設都是正確的，藉以構築完整的理論架構，等到構築完成，真正懂了，才能開始挑戰它。如果一開始就無法接受某個預設，卡在那裡就無法走進去。這時需要先放下自己原本的觀點，暫時先相信這個理論的所有預設，才能真正了解並體驗其完整架構的合理性。

真正了解後，去質疑、去挑戰，便是走出來的方式。如果挑戰成功，那就表示已經看到這個理論的不完美之處，不值得完全信賴，仍須改進，也就自然走出來了。如果挑戰不了，可以暫時接受，但仍須繼續挑戰。

不管挑戰成功或失敗，每讀懂一個新理論，大腦裡都會累積新思維，都可以當作又學會了一個不同的世界觀，每一個都是真相的候選員，只不過某些有明顯缺點的理論還需等待修改完成才行。哲學理論讀多了，自然就能提升各種觀點的理解力，對於學習其他思維有很大的幫助。當然也包含學習佛學的各種觀點。從這角度來說，佛學是一種哲學，和哲學一樣提供了一種人生的合理解答。

佛學以證悟已存在的最高思想爲目標

佛學也需要懷疑，但和哲學會去懷疑所有哲學家不同，學習佛學不會去懷疑佛陀的教誨是錯的。而是懷疑自己的理解是錯的，或是懷疑經典被翻譯錯誤，或甚至被記錯了，因爲早期佛經是靠記憶一代傳一代而不是靠書寫來記錄的。在不斷懷疑中設法還原佛陀的中心思想，找到後就是佛學的終點。只需走進去，不需走出來，因爲佛學就是眞理。在這個層面上，佛學比較不像哲學，反而比較像是一門宗教。就像宗教信仰者不可以質疑該宗教的基本信條一樣。

所以，哲學家們會質疑，「佛學眞的就是眞理了嗎？」是無法懷疑，還是只是根本沒去懷疑呢？會不會在被懷疑的颶風吹過後，佛學就像其他哲學學派一樣，只是一個合理但仍有缺失的哲學理論而已？

當然，以離苦得樂的目標來說，就算只是一個合理理論也沒關係。重點在於是否有功效。當我們轉換佛學的世界觀生活，如果確實可以減少煩惱，那對錯又有什麼關係呢？例如，輪迴是佛學世界觀的一種，相信輪迴，就不會過度在意此生所遇到的不如意，不會感嘆歹命，因爲這些都是過去業所帶來的必然結果。只要努力撐過去，就可以減少壞業，並迎接新的生命。或者，運

用無我的眼光看世界，就可以降低對利害得失的在意程度，也相當程度的減少煩惱。佛學既然有此功效，就算不是真理，又有什麼關係呢？

但是，這種較為正向又有功效的生命觀很多，各種宗教都有，哲學也有，還有近年很流行的新時代思潮也很多，都在某種程度上對生活很有助益，尤其遇到生命困境時最有幫助。如果只是這樣，佛學的價值就大大降低了。

然而，佛學的目的並不只是想要提供一種離苦得樂的生活方式，它不僅僅是一種勵志的生命哲學，而是意圖看見真正能夠離苦得樂的真相。那麼，佛學是否能在各種哲學理論中脫穎而出達成這個目標呢？

佛學思想從理論的層面來說，其合理性程度當然有資格視為一門哲學。但佛學另外還有個很大的特點，是大多數哲學所沒有的，就是修行證悟的要求。「證悟」跟理論不太一樣，理論是一種解讀，解讀合理時，我們可以選擇相信，但合理的未必就是正確的。證悟則是在合理性之外，另外找到一個更值得相信的基礎。

以離苦得樂來說，我們可以提出許多合理的離苦得樂的哲學理論，然後辯論哪一個最合理。最合理的當然最有可能是正確的。但是，佛學修行人則是親自去實踐，依據個人體驗提出解答，證悟無我、發現空性，最後將苦的源頭全部清除了，因而獲

得無上喜樂。

這種證悟讓佛學在合理性上又增加了說服力。這其實超越了只談合理性的哲學，甚至和科學研究類似。但不同於科學的客觀性，佛學更強調主觀經驗。在這個方法上，有學者認為佛學其實更像是一門科學。只不過這種科學並不是依據客觀數據，而是依據主觀的修行體驗。這個部分，雖然和早期強調實踐的哲學類似。但佛學則較重視內心更深處的修行體驗，並且認為只要能夠看見內心最深處的世界，就可以發現真理。

「證悟」使佛學超越哲學

佛教的創始人就是以此為目的尋求解答。而且相信自己發現了人生的解答，而不只是找到離苦得樂的解方。更重要的是，找到解答之後，並不只是要我們相信他的解答，而是要人親自去實證。佛教若光是作為一門單純的信仰，並不足以真正掌握離苦得樂的秘訣，而是要每一個跟隨者和佛陀一樣自己找到解答才行。而這最終的解答，不是仰賴理論的理解，而是在內心最深處直觀的證悟。

證悟一個理論就不同於只是了解理論的合理性而已，至少對於證悟者個人來說，兩者有天壤之別的說服力。「證悟」可以超越合理性，向前更進一步對人展現其正確的可能性。

　　舉例來說，傳說大崙山上住著一條龍。這到底是真是假？我們可以藉由許多推理來建構合理的理論，但無論有多合理，說服力都是有限的。證悟就像親自走進山裡，在最隱密的樹林裡直接看見真相一樣。看見了，就知道了；看見了，就可以拋開所有一切理論，直接擁抱真理。佛學的修行目標，就是希望能達成這樣的說服力。而這樣的說服力，至少對佛學追求者來說，便是真理。

　　然而，如果一直找不到龍，究竟該選擇相信還是懷疑？而且，如果他人經由某種路線找到了，自己依其路線卻一直找不到，又該怎麼辦？這確實是一個修行上的困擾，即使有人運用某個方式獲得徹底離苦得樂的功效，也不代表他人可以複製。所以，佛學也說八萬四千法門，個人有各種不同的適合路徑。

　　另外，我們也可以懷疑他人宣稱的證悟是否是真的證悟，就算我們相信他人沒有說謊，依然可以思考他人是否判斷錯誤，說不定只是錯覺，誰知道呢？

　　至少，從經典上的記載來看，證悟者似乎都毫無疑問的相信了自己看到的真理。這會帶給我們更多的信心。當然，這樣的信心對自己來說仍舊只是理論上的，合理但無法確定。說不定古人只是不好意思說出自己的疑惑而已，因為這樣說可能會被懷疑自己根本沒有證悟。所以，要確定，就必須修行乃至於親自見證。什麼都沒看到之前，就什麼也無法確定。

⑧ 業力的修行

　　傳說中，閻羅王有個鏡子可以照見每個人一生所做的所有事。這樣的東西是否眞有可能存在呢？是否有人全程錄影每個人的一生？如果沒有，這種想法是否很不科學？

　　其實就算眞的很不科學，也不表示這是錯的。因爲有大哲學家，像是波柏（Karl Popper，1902～1994）認爲，科學和眞理的距離是無限遙遠，無論找到多少證據，都無法確認一個眞理。而且事實上，這種東西的存在也未必不符合科學。

　　許多科學觀點指出，時間的不可逆其實只是一個假象，人類的認知受限於時間的單一方向，但實際上，物理世界應無此限制。也就是說，任何一個時間所發生的任何事情，其實都持續存在於宇宙中的那個時間點上沒有消失。「時間過了就消失了」，這個觀點只是由我們受限的認知能力所產生出來的錯覺。如果這個想法是對的，根本不需有人錄影，對於認知知能力不受時間單向限制的人來說，只須回頭望向過去，即可揭發一切已發生的事

件。

人的認知是受限的

　　為什麼說「受限的認知能力」？這是什麼意思？這個觀點來自於西方十八世紀哲學家康德所著的《純粹理性批判》。簡單的說，我們所認知的世界並不是這個世界真實的樣貌，而是在有限的，以及特殊的認知結構中，所呈現出來的狀態。

　　舉例來說，幾年前的某個夏天夜晚，我帶著一臺小型攝影機，到學校後山拍攝螢火蟲，我打開夜視功能，希望拍得更清楚一點。當攝影機朝向某個角度時，突然看見鏡頭裡有一盞很亮的燈光，我嚇了一大跳，因為當時環境非常暗，附近完全沒有任何光源，幾乎到了伸手不見五指的地步，只有螢火蟲微弱的亮光在空中四散飛舞。為何攝影機裡會出現路燈般的光源呢？拍到鬼了嗎？

　　我移動攝影機尋找光源，確定就在前方樹上，接著打開手電筒照射，發現原來是一臺監視攝影機。攝影機可能也是以夜視功能在運作，投射出紅外線，雖然肉眼看不見，但手上的機器卻偵測到了。明明有光，眼睛卻看不見。因為我們的視覺認知範圍是有限的，波長大於或小於某區間的光都無法被肉眼感知，我們只是用有限的視覺能力認識這個世界。

當然，科學的發展擴展了我們的認知視線，肉眼之外還有儀器可以作爲輔助，讓我們不再受限於感官知覺。然而，這樣就完全了嗎？顯然不是，我們仍舊受限於儀器的功能，以及科學發展的限度，無法了解在此之外的世界。而且更根本的，我們受限於認知的結構，這是難以跳脫的障礙。

時間與空間的認知限制

舉例來說，我們的認知受限於時間與空間。我們必須在時空的背景下認識事物，無法思考非時間與非空間究竟是怎麼一回事。如果說有一樣東西不在時間之中，也不在任何空間之中，我們甚至無法想像這是一種什麼樣的情況。當然這時會有人說，那是因爲不可能會有這種情形。這個想法當然有可能是對的，但理由是什麼呢？爲什麼一個物體不可能存在於時空之外？是因爲不可能有這種情況所以我們無法想像，還是因爲我們無法想像所以認爲不可能？後者似乎比較合理。

因爲我們甚至無法確定現有的時間觀與空間觀就是對世界的正確理解。說不定這個世界的基本結構根本就不適合用現有時空觀來解讀。如果眞是如此，那麼，我們注定要誤解這個世界了。

　　了解了這種情況，我們只能承認自己的認知功能其實是受限的，千萬別自大到要用現有的世界觀來評價一切真假。也就是說，任何理論即使聽起來和我們現有的世界觀不太一樣，也不要立刻嗤之以鼻。因為我們目前尚沒有這樣的本錢可以把現有世界觀當作真理而鄙視任何其他不同理論。當然，也不應立即相信任何怪誕的假說。而是所有理論，所有假說，都去思考其可能性。

關於業的深度思考

　　業，是佛學裡很重要的一個觀點。裡面有很哲學的成分，也有很宗教的成分。

　　從宗教觀來說，善有善報、惡有惡報。這是一般信眾的業報觀。這種觀點對生活中的離苦得樂有相當程度的功效。例如，遭遇不幸的時候，就想這是前世因所造成的。「過去世我這樣對別人，所以今世他人這樣對我。」用這樣的觀點看事情，就比較不會憤怒，相當程度可以降低嗔心的作用。

　　以我個人的經驗來說，和學校其他老師比較起來，我算是一個對學生很有包容力的老師，所以尤其跟那些不屬於乖乖牌的學生們比較容易對話。跟我比較熟的老師們有時會問我為什麼這麼有包容力。我會很不好意思的跟他們說實話，因為我在學生時期可能比這些學生還要更令人頭痛。所以當我遇到很麻煩的學生

時，只要有「這是報應」的想法，就很容易釋然了。這種報應觀容易產生具有包容力的功效，但雖然有效，卻不是真正的包容力，因為真正的包容力是不需要訴諸業報的。

雖然這種宗教式的業報觀在生活上很有用，但如果思考這是否是事實，會覺得這個觀點其實不太合理。主要的問題在於，這樣的報應意義在哪裡呢？舉例來說，如果我上輩子殺了張三，結果這一世我要被張三殺了。雖然從我的角度來說，一報還一報，很公平。但是從張三的角度來說，他為什麼要這麼倒楣啊？上輩子被我殺了，結果這輩子還要因為殺人而闖禍，甚至墮入地獄。這怎樣也說不通。另外，如果我這輩子捐很多錢，下輩子會中樂透，那我捐錢的意義是什麼？是投資嗎？當我們仔細思考，會覺得這些觀點並不合理，就算業報觀是對的，也不應該是這麼簡單的規則，裡面需要有更合理的運作方式。

業的運作是隨機、還是有某種目的？

我們可以想像，業其實是一股因果運行的力量。由於佛教世界觀是一種無常、無自性的世界觀，一切現象都是因緣聚合下的產物。然而，這股力量的運行不應該是隨機的，至少有個內在力量在決定各種因緣聚合的方式，這股力量就是業力。研究業力的運作方式，會是一門很有趣的哲學，但據我所知，這在佛學裡

有很多不同的說法,目前並沒有確切的共識。

　　我個人認為比較有說服力的說法,是把業力的運作看成朝向成佛之道的助力。也就是說,每一個人,會遇到什麼事情,不是隨機的,而是取決於一個人在成佛路上需要些什麼。就像沒耐性的人總會遇到需要耐性才能處理的事情;貪財的人,總會遇到金錢的誘惑以及失去財物的危機。每遇到一個困難,就是一個成長的功課,如果沒有讓自己成長,一直逃避,類似的困難就會接二連三地來臨。這種情形是不是很常見呢?相反的,如果已經成長了,類似的問題就不太容易再發生。

　　當然,這種想法或許很一廂情願,而且這種現象可能只是一種認知上的錯覺。因為在成長之後,能力提升了,就算類似的困難繼續出現,也不會構成困擾,注意力就不會在這裡,而會轉向到那些尚未有足夠能力面對的困難。

　　然而,就算是錯覺其實也不影響這個理論的成立,因為只要這種錯覺存在,我們所面臨的世界,就是一個不斷要求自我成長的局面。我們天生想要離苦得樂,也不知道為何要這麼做,但最好的方法,一樣是追求自我的成長,而我們所面臨的環境,不斷提醒自己應該走上學佛的這一條路。或許直到終點的那一刻,我們會哈哈大笑,原來這一切都只不過是一場騙局,是由無明所造成的假象,這些假象把我們騙上成佛之道。但我們一點都不在意受騙,因為,真正的目的已經達成了。那達成之後呢?

達成的目的又是什麼？我想，這是下一個階段的問題了。

　　這種業力的觀點其實在某些層面也符合因果報應的主張。但這報應並不是處罰，而是一個懺悔的機會。就以我的例子來說，我在學生時代其實不太尊師重道，但被老師們包容了，想到時會覺得很不好意思。這股業力的作用，讓我去包容現有學生，對我來說也具有贖罪、懺悔的功效。讓這種業力，一代一代傳下去。雖然這並不是真正的包容心，但仍有助於培養包容的力量。

　　依據這種對業力的解讀，如果曾經殺人，那麼，並不一定會遇到被殺的報應，但會遇到那種讓自己可以懺悔、並在懺悔中獲得成長的事情，其實這種事情比自己被殺還要更令人感到痛苦，但卻能從中獲得心靈上的解脫。這個世界觀，就給了佛教無常世界一個方向。全體宇宙的業力作用，朝向了人人皆成佛的方向邁進。

業力是否可被證悟？

　　然而，這樣的觀點，是哲學、還是真相呢？這和可以證悟的無我不同。我們大概是無法藉由修行看見業力的運作，業力是不可見的。所以，他永遠只能是一個哲學假設、一個合理的學說，無法成為一個肯定的真相。然而，據說到了佛的境界，就可以了悟業力的運作。也就是說，到了個人修行圓滿的那一刻，

就可以看見這最終的根本眞相。但對大多數還身陷苦海的凡人來說，這終究只能當作信仰。

　　業力在協助我們修行，我們這一生不是從零開始，而是從過去世累積的業報作爲修行的出發點。我們每一刻的努力，都在選擇不同的方向，業力在因緣聚合中，會依據我們的行動，調整不同的未來處境，期待我們朝向那預定的淨土。所以，現在的每一項決定，都混和在所有過去世，得出我們即將面對的未來。這不是獎勵、也不是報應，而是我們的歸宿。

九 一念心的修行

在我所聽聞過的各種佛教修行法門中，有一種方式很特別，實踐後也對我幫助很大。這是天台宗的觀心法門，稱之爲「一念心」。那麼。這是一種什麼樣的修行呢？

華梵大學董事長同時也是深水觀音禪寺住持的悟觀法師在《般若與美》書中談到一念心時，引用了明朝藕益大師的一句話，「**畢志不起一念浮動心**」。這句話可做爲一念心修行的起步。簡單的說，這種修行就是從觀看自己的每一個起心動念做起，讓每個念頭都在心靜的狀態下流動，不輕浮氣燥。

一念心從停止心浮氣躁開始

就以我個人來說，這種修行方式正是我最需要的。因爲我剛好就是那種最容易心浮氣躁的個性，這種個性給我的生活帶來很大的困擾。就以老師這個職業來說，我對學習緩慢的學生常常

容易失去耐性，無法好好完成老師的使命。做事也容易陷入匆匆忙忙的心理狀態，發條太緊，就容易精疲力盡。長期下來引發各式各樣自律神經失調的症狀。

　　一念心的修行，要我們時時刻刻反觀內心，只要持續看著自己的每一個起心動念，就能避免陷入那種趕著把事情做完的急躁狀態，於是在生活處事中，心便靜了下來。靜下來的心就可引導生活回歸正軌。

　　就以開車的經驗來說，我常常覺得開車很累，於是認為我不適合開車。但仔細想想，好像也不是這樣。有時上課累了，下課後不會立刻回家，反而會開車到處晃一晃，讓精神恢復。這是為什麼呢？後來發現，這是山野與市區的差別。在學校附近的山林間開車，感覺很舒暢，可以消除疲勞。但只要開到車水馬龍的市區，就容易會有那種身心俱疲的感覺。是因為車多需要比較專心嗎？還是因為等紅綠燈需要耐性呢？我一直不太清楚問題在哪裡？

　　然而，當我開始一念心的修行，開始習慣於關注自己的內心世界之後，有一天，我捕獲了一個「厭煩」念頭揚起的瞬間。那是因為有一輛車不太依照正常方式行駛，讓我需要額外減速。其實，這並不是一個大問題，對方也沒有違規，也沒有誰對誰錯的問題，但確實讓我行駛過程不太自在。不像在學校附近都是沒人沒車的山路，可以自在行駛。這個念頭其實很快就消逝了，

因為也沒有什麼好生氣的。但捕獲了一個，就容易捕獲第二個、接著第三個、第四個……這時我才發現，原來我在開車過程中，即使沒有碰上那種讓人火冒三丈的馬路三寶，但由於臺灣人開車較不懂得禮讓，所以只要遇到車多的路況，也是一路不斷升起厭煩之心。原來，這才是讓我開車感到身心俱疲的主要因素。

這種厭煩感讓內心越來越煩躁，也就越來越沒有耐心，最後連等個紅綠燈都感到厭煩，明明不趕時間也搶黃燈，徒增危險。以這樣的心情開車到了最後，自然就精疲力盡了。所以，我試著在厭煩感發出後立刻去平息它，這就可以讓心停在較不被厭煩感控制的狀態，遇到黃燈時也不會去搶快，不僅更有耐心、行車更安全，開車也比較不這麼累人。然而，這種讓心慢下來、遠離心浮氣躁的修行，只不過是一念心法門的初步成果而已。

一念即無念，一念心是心的歸依

在不斷觀看自己起心動念的修行中，我們可以在生活中（而不是只有在靜坐中）持續觀看自己內心的各種念頭。這些念頭平時不容易發現，屬於容易被忽視的自我的部分，所以，一念心的修行，更容易讓人直接看見鮮活的自己。尤其若能看見更細微的念頭，就對自己有更深刻的認識。這也是認識自我的最直接方法。而認識自我，才能清楚問題的根源，也就更容易找出最適合

自己的修行方向。

從更深度的佛學角度來說，一念心不僅僅只是靜心觀看自我在喜怒哀樂等各種想法的起心動念而已，當我們深入心念升起的那一瞬間，這一念心卻包含萬象，有著更豐富的意涵。悟觀法師在《法華經者的話》中說，「**一念即無念，一念心是心的歸依。**」這是什麼意思呢？

悟觀法師解釋說，當這一念屬於無雜念之念時，就進入了無念的境地。也就是說，一念心的修行雖然是要我們靜心觀看每一個起心動念，但實際上，我們平時在觀看每一個起心動念的時候，內心仍充滿了雜念，像是霧中看花般，無法看清心的真實面貌，所觀看的並不是每一個起心動念的真相，其間摻雜了許多的干擾。但即使如此，我們仍須持續靜心觀看每一個起心動念，努力看清它們，而持續這樣的努力，就是一念心的修行。

經歷這個修行，讓我們看得越來越清楚。直到有一天，我們會發現這一念心是純淨的，毫無雜念，就像霧散花現般，看見了真實，也就是所謂的「一念現前」的境界。這樣的一念心就是無念，無雜念之念。而且這個一念心，也是菩提心的所在，是心安的歸所，也就是每一顆浮動心的歸依之處。

華梵大學創辦人曉雲法師在《天台宗論集》中以「波停水現」來比喻這種一念心。她把心比喻成湖面，平時總有波紋，難以清楚映照景物，但當波紋停止的那一瞬間，便如鏡中無塵一

般，明朗自照，一切現前。無念就像無波，無波之念，便是那一念心，這一念心便可映照這大千世界。

依據我個人經驗來解讀，我猜想這種感覺類似跟人談話時的某種狀態，通常我必須先把自己的各種觀點先拋開，才能真正了解他人的思維。所以在這種溝通狀態下，很少會有誤解的發生。但是跟他人說話時，常會覺得很難把自己的想法傳達過去，常常說到一半就已經被任意解讀了，需要花很大的力氣釐清誤解，還常常放棄作罷。因為有些人成見很深，總是習慣於用自己的思維角度看事情，在這種認知狀態下，很難理解他人真正的想法，誤解就常會發生。

也就是說，當我們平時有著各式各樣的心思時，無法照見世界的真相，所看見的世界，都是被各種執著、思緒所扭曲的狀態，而修行一念心，就是在不斷向內追尋起心動念的時機裡，尋找那最原初的發心點，尚未被妄念污染，屬於無念狀態的一念，而這一念並非什麼都沒有的無念，而是可以廣納百川的無念，便能照見一切真實。

一念照見世界，世界統攝於一念

所以，一念心修行的終點，是看見在那瞬息的一念之間包含著一切，而且進一步參悟到這一切其實就是一念。這即所謂

「一念三千」與「三千一念」的合一境界。依據悟觀法師的解說，「一念三千」和「三千一念」是不同的。一念三千像是看見無邊世界的廣闊，像是繁花盛開的天堂，所有一切都在一念之間。然而，真正的智慧卻必須走向「三千一念」，把這飛奔而出的一切全部收攝回歸於一念。只有一念三千而沒有三千一念，便是一種執著，脫離了這個執著，便得見一切如夢幻泡影，也就達成了明心見性，離苦得樂的目標了。因此，曉雲法師也說，「**這一念就是萬法歸一的明淨心，也就是佛心。**」

或許，這也就是宋明心學大師陸九淵所說的「**宇宙便是吾心，吾心即是宇宙**」的境界。然而，這是一種什麼樣的境界呢？這就屬於需要自己親自去體證的神秘經驗世界了。

由於一念心的修行方法是盡量在時時刻刻，觀看自己的起心動念，因此，並不是任何時刻都適用於一念心的修行。由於必須把注意力放在自己的起心動念上，所以當我們需要專注任何其他事情時，就很難再把注意力拉回來。

就以寫作來說，寫作當下思考著要寫些什麼，怎麼表達，以及電腦打字，這些時刻是不可能修行一念心的，只能在暫時停止的時刻裡返回內心關注自己。一念心的修行最好的時機，是一個人而且並沒有在做什麼特別需要專注事情的時候。當我們正在做事，正在和某些外物有互動時，另一種修行方法倒是很適合，叫做「正念的修行」，它讓我們進入一種與萬物融合的境界。

⊕ 正念的修行

「正念」，常常被理解成近年來很風行的「正向思考」。正向思考是要我們總是往好的方向想。例如，遇到悲傷的事情，想想這個悲傷事件背後有什麼正面意義；遇到困難時，就想這個困難是個考驗，目的在於提升能力。由於任何事情都一定有好的一面，只要都能往好的方向想，自然覺得自己很幸運、很幸福，人生自然會比較積極、正面，也比較不會怨天尤人。這對改善內心世界有一定的功效。但這也常讓人覺得有點假假的，不符合現實。

然而，「正念的修行」並不是正向思考，兩者差異其實很大。最根本的差異在於，正向思考背後總是蘊藏著價值判斷，什麼好、什麼不好，然後往好的方向想。但正念要我們先放下任何價值判斷，不去想好或是不好，不讓價值分別心起作用，只專注於當下的感受，無論是喜還是悲。

正念就是在生活中的每一時刻，認真對待每一事物

　　所謂「正念」，簡單的說就是，「仔細觀察、仔細體會，但不評價。」觀察什麼？體會什麼？又不評價什麼呢？依據《大念處經》與《安般守意經》的四念處觀點，正念包含了四個面向：（自己的）身體、（自己的）情感、（自己的）意識、以及（想像中的）對象。

　　一行禪師是推廣正念修行的知名人物，他在《正念的奇蹟》一書中以日常生活很普通的洗碗爲例，說明如何運用正念處事。首先，我們需要把碗當作靜觀的對象，認真對待它。甚至想像這個碗從出生到現在的生命歷程以及和我的巧遇，這整個緣分是神聖的。讓慢下來的呼吸調整當下的心情，避免急躁只想趕快結束這個工作，用心去完成它。甚至最好根本不要把它當作是一件工作，把它當作是一個禪修。一行禪師認爲，如果無法在正念中洗碗，就無法在靜坐中禪修。

　　所以，正念的修行，就是在日常生活中，認真對待每一個事物，但不做是非對錯與好壞的評價，讓靜下來的呼吸，配合整個心境。

一早起床用正念刷牙洗臉

　　以我個人的正念修行體驗來說，由於我每天早上起床後是精神最好的時間，有很多想做的事情要去完成，所以覺得每天早上都要刷牙洗臉這件事很麻煩。雖然，我不會不做，因為做完神清氣爽很值得，但過程總會升起厭煩感。所以總是用最快的速度完成它。姑且不論刷牙不仔細的壞處，每天一早起床就把自己搞的緊張兮兮的。久而久之，越來越嚴重，有時早起才沒多久就感到疲倦了。所以，我試著用正念修行在刷牙洗臉上，看是不是會有不同的感受。

　　首先，我把注意力放在全身，去感受身體，剛起床的身體有點僵硬，就去感受那個僵硬，不對僵硬做任何評價，不思考身體是否更加老化，或是需要怎麼改善。打開水龍頭，雙手掬起冷水潑向臉上，感受那股沁涼，抹肥皂，用心感覺手在臉上的滑動。洗淨後，拿起毛巾，仔細觀察這個用具，看見毛巾上的貓頭鷹圖像，感受到設計師在這圖案上的巧思，想要把這個圖案繪出可愛狀的心思，這全部的身體感受，和這股心思的結合下，呈現當下的情境。這個當下，就是正念的當下。保持這種正念，開始一天的生活。

正念中的物我合一

一旦進行正念的修行，只要夠投入，就開始改變了我原本刷牙洗臉的厭煩感。這是生活中實踐正念修行時容易產生的物我合一的美好感受。在不同的情境，便能體驗到不同的當下之美。

舉例來說，學校裡有很多流浪貓，由於哲學系學生可能大多比較有愛心，除了常常餵食之外，還會陪牠們玩，所以牠們特別喜歡聚集在哲學系外花園。我也偶爾會蹲下來摸摸這些小動物。當我開始學習正念修行後的某一天，我試著用正念來體會摸貓的舉動。

首先，注意力集中在整個身體的感受，雖然感受到有些地方不太舒服，像是腰部有點酸痛，但只感受它、接納它，不去思考是否有什麼問題、該怎麼消除，也不去評價好壞，更不去擔心是否有什麼疾病。單純去感受身體當下的存在。接著，觀看自己的內心情緒，當時上完課後有點疲倦感，也有一點努力教學後的舒暢感，但一樣不思考、不評價，只感受當下的內心。接著，觀察自己的意識，發現可以更清楚看見自己意識的變化。一樣不去評價這是否是一種進步，也就不會因為覺得有進步而感到喜悅，單純體驗當下意識的起心動念。

最後，去體會對象，看見貓伸展著身體磨蹭著午後的陽光大地，享受著大自然的韻律。這一股對貓感受的想像瞬間結合著

我對身體、內心、意識的全部心思，混然一體。這個當下，就是正念。也就是結合身、心、物所凝聚出來的物我合一的感受。

正念的奇蹟

在正念中，我們並不一定要去除任何悲傷、痛苦等負面感受（但需要先去除急躁，因為在急躁中很難保持正念），但只要全心去接納與體會，就能進入一種正念的心境。在這種心境下，是不升煩惱的。所有原本容易引起煩惱的負面情緒，在正念的籠罩下，都會轉化為一種不再屬於負面情緒的深度情感。這也算是一種正念的奇蹟。這是另一種意義下的離苦得樂。而一行禪師在《佛陀之心》這本書中說，「**所謂的佛，其實就是可以一直處於正念狀態的覺者。**」

學習哲學有助於學習正念

以我個人的學習經驗來說，剛開始學習正念修行時，由於還沒有養成正念的習慣，所有的步驟都和原本的習性背道而馳，以致於必須刻意去操縱內心的想法。這個過程其實很辛苦，甚至容易起煩躁心。所以，並不是一開始修行正念就可以如魚得水。就像剛開始學習靜坐，很少人一開始就歡暢自在，而是必須

須先經歷身心浮躁的感覺歷程，以及盤腿時造成的酸、麻與痛。這些都是修行過程中必須先度過的難關。但只要一步一步前進，不愉快的過程就會逐漸降低，獲得的成果就自然會越來越豐富。

　　這種正念的修行對一個長期受過哲學訓練的人來說可能相對容易很多。因為，對一般大眾來說，最大的一個難關可能在於「不評價」這個心念上。由於在人們成長的過程中，無意間接受許多價值觀，並養成了習慣，套用這些價值觀在生活中評價一切，早已將之視為理所當然，自然在遇到時就會發起評價之心。所以，要做到不評價其實很困難。

　　當然，這其實是一個相對的問題，要做到完全什麼都不評價就等於完全不執著，大概只有悟道或成佛的覺者才能做到。對大多數人來說，就是盡可能不做評價。那就要看我們能夠跳脫出多少價值束縛，也就是能看到多少價值觀背後的空性。

　　哲學思考是對任何事物的一種深度思考。這種深度思考容易讓我們發現各種價值觀背後缺乏穩定基礎。在這種智慧裡，比較不容易把這些觀點視為理所當然，也就容易脫離其束縛。這個智慧基礎就容易採取正念面對日常生活中的各種事物。所以，如果在不起評價心這個點上感到困難，也可以考慮學習哲學，尤其是學習那種探討道德問題方面的倫理學、以及探討各種價值的價值哲學或是美學，應該會有幫助。

藉由正念，走向人我合一

　　然而，如果更進一步地把正念的修行應用在人與人之間的關係上，會是怎樣的一種情況呢？舒亞達斯喇嘛把一行禪師倡導的正念修行推向人與人之間的關係，因而在《與萬物一起禪修》一書中提出所謂的「交互禪」的概念。簡單的說，只要把之前我們談到的「對象」，改成「他人」，在用心體會自己身心感受的同時，也進一步用心體會他人感受。把原本物我合一的情境，推向人我合一的世界。他人的喜怒哀樂，融入我自己的喜怒哀樂，便打破了人我的區隔，施與受之間也不再有絕對區隔。在這種認知基礎上，不僅有益於各種關係的建立，協助他人走出心理困局，也有助於跳脫在自我執念中的痛苦，因為在這種情境中的自我，已經不再是那個在執念中總會導致痛苦的自我了。

　　當然，這並不是一種神通，我們無法真正直接感受他人內在。他人內在究竟如何？這永遠只是自己的想像，就像我和貓的互動中想像著牠的感受一般。所以，如果這種想像是對他人的誤解，就無法達成人與人之間的良好溝通。所以，對人的了解，是施行交互禪的基礎。而若想深入了解人，第一個步驟其實是先深入了解自己，其次是必須具備他人在某些方面與我不同的相關知識，否則，成效將會相當有限。

　　但無論如何，只要夠用心，總可以了解部分他人心思，即

使深度與知識不足，還是值得一試，只不過別忘了總有一些自己所不了解的一面，只要不過度自信，至少好處總大過壞處。

　　當然，正念修行不僅只是有益身心，也是一條通往內心最深處，成為覺者的道路。就像一行禪師在《不思量的藝術》中說，**「當你能夠停止內在的一切噪音，當你能夠到達寂靜，如雷貫耳的寂靜，你就會開始聽到來自你內在最深的呼喚。」**藉由正念，找到最真實的自己，便能走向最真實的生命。

⊕ 智慧的修行

　　佛學和哲學有一個共同特點，是其他學科所沒有的，此特點在於兩者對知識的「破壞性」都大於其建設性。意思是說，兩者更著重於告訴人們什麼是錯的。無論是哲學或是佛學，都認爲人們具有許多錯誤知識，也都致力於找出它們，然後將之破除。佛學稱這種陷入錯誤知識的狀態爲「無明」，而破除無明的方法，就是所謂的「正見」。

　　佛學與哲學尋找錯誤的方法也很類似，都是往事物的更根本處思考，也就是進行所謂的深度思考，然後發現其根本處是不穩定的、沒有確定性的、甚至根本就是空的，藉此達到對該觀念產生懷疑或是否定的想法。

哲學與佛學在方法上和目標上的不同點

　　兩者最大的不同點在於，哲學通常只是藉由思考來破除錯

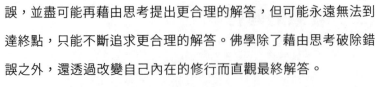

誤，並盡可能再藉由思考提出更合理的解答，但可能永遠無法到達終點，只能不斷追求更合理的解答。佛學除了藉由思考破除錯誤之外，還透過改變自己內在的修行而直觀最終解答。

　　所以，雖然佛學與哲學的目標都是追求人生真理。但哲學期待一個理性上具有說服力的最終解答，佛學則更期待個人內心的證悟。這個差異來自於兩者不同的根本目的。佛學的最根本目的在於追求離苦得樂；哲學的根本目的則在於滿足知性上的好奇心。兩者各能達成其功效。但不管哪一個目的，都需要經歷思維上「破」的旅程，剝開虛假知識。對哲學來說，這是追求真理的必經之路。對佛學來說，則是因為這些虛假知識是痛苦的源頭。這就如同達賴喇嘛在談論《認識自我》時所說，**「無明把我們和痛苦綁在一起。」**

開放胸襟才能打破執著

　　學習「可以用來破除虛假知識」的知識，和學習一般知識很不一樣。這種具有「破」性質的知識，和一般知識比起來，更像是我們所談的智慧。因為這種知識導致的最直接後果就是不執著。由於我們對某些想法、觀念的執著，而造成錯誤與痛苦，當我們可以看見其虛假，自然就不執著了。但是，執著的心常會連結某些情緒而形成很難克服的心理障礙。不先克服這層障礙，

就無法深入思考，也就根本沒有機會破除它。如同想要將一株植物連根剷除時，如果地面是水泥地，鋤頭根本剷不下去，就一點用處也沒有。這一株植物就像是一個執著，鋤頭是我們的思考，水泥地就是情緒與認知的障礙。

所以，要學習能夠用來破除執著的佛學知識，其困難處有時並不在於這種知識有多難學，而在於心理上根本不願打開廣納百川的胸襟，而且更麻煩的地方在於，多數人看不見自己的這層心理障礙，遇到困擾容易歸咎於是別人的問題，也看不見自己的某些執著，這種心態就容易在內心裡製造一個足以自圓其說的安樂窩，繼續盲目執著還自以為是。然而，究竟自己是否有這個問題呢？答案很簡單，每個人都有，或多或少的差別，以及看見的多寡與看不見的多寡有所差別而已。

減少執著就減少煩惱

舉例來說，近年來因少子化問題嚴重，在思考如何能在未來高校教育繼續扮演一個有價值的角色後，本校決定轉型成一個更小型的大學，並且為了配合新時代的需求而改變系所。從原本的 13 個系所，變成 6 個系所，其中只有兩個系所保持不變。在轉變的初期，新舊同時並列，反而膨脹到 17 個系所。而且由於學生人數大量減少，教職員工離職後不再補人。過渡期的工作量

不減反增，每個人都需要肩負著好幾份不同的工作，扮演好幾個不同的角色。

以我來說，我接下了一個院長加上兩個系主任的工作。然而，雖然角色變多，其實每一個角色的工作量都減少了，所以對我來說其實也還好，並不是真有原本三份工作的量。但問題在於，一樣身兼多職的系助理工作量確實增加了，難以繼續包山包海管理所有系務。在這種情況下，系主任們必須下海幫忙一些瑣事。例如，協助某些文書工作、排課，甚至包括哲學系每天早晚開關門的工作、以及慣例在系辦準備一些吃的、用的來照顧學生的工作，便都落在我身上。這些瑣事其實沒什麼大不了，工作量並不繁重，沒有實質壓力，對我而言完全沒有問題。所以，我還常跟人（炫耀式的）自嘲，我是系主任兼助理還兼工友（當然，這麼說其實是誇大了，這並非事實。因為只是各包了一點相關工作而已）。

但我發現，即使這些額外負擔並不重，並不是每個人都可以這麼隨興接受這種處境。當我跟朋友聊到這些事時，還常被投以同情的眼光。當我解釋一點也不在意，而且覺得很有趣時，大多被解讀成我很認命。「啊！這麼認命很好哇！遇到逆境也可以自得其樂！」遇到這類回應，我也只能苦笑了。其實問題很簡單，這並不是認命，只是少了一些別人有的觀念執著而已。

事實上，當我剛開始做這些事情時，也是有一點怪怪的感

覺，習慣性的執著也存在，像是「系主任不該做這個」、「系主任是高高在上的」、甚至「系主任做這些事情好丟臉」，類似這些觀念，會在這個處境中製造痛苦。只不過這類觀念的執著對我影響力很低，所以簡單就碾壓過去了。

這種觀念上的執著容易造成難以接受的心理障礙。當然，沒人強迫我一定要幫這些忙，我也可以省去沒必要的事情，而把必要的所有工作壓在已經忙到喘不過氣的系助理身上。但如果我這麼做，並不會遠離痛苦，而是在另一種因緣聚合的情況下，讓系內氣氛變得更差，甚至製造系助理的情緒反彈而導致不良關係，就算系助理任勞任怨，也至少要冒著因為事情太多而讓系務工作產生大失誤的風險，最後的結果一樣會帶來痛苦。所以，因為沒有這種「系主任就不該做什麼」的觀念執著，讓我找到一個較佳的分工方式，也讓系務順利推動。

然而，尤其在學校這種過渡時期，就可以簡單看出較執著與較不執著的兩類人。不執著的類型像是某位高階主管，很得意的炫耀自己打公文的速度比助理還快。執著的像是某位資深老師，由於沒有額外助理可以隨時協助公務，許多瑣事都需要親自打理，就常無奈抱怨自己像個打雜的，因而陷入痛苦之中。在這種情緒下，還很容易得罪他人而給自己帶來更多無謂的困擾。

破除虛假知識的智慧修行

　　要克服這種無明所造成的情緒障礙，有兩條路線，第一是先從心理上降低執著的強度，然後慢慢接納新知，這條路線比較像是佛學的傳統方法。先學習謙卑面對各種人事物。只要不傲慢，不要自以為是，試著用謙卑的態度面對各種事情，當執著帶來內心的衝突時，傲慢會強化心防，謙卑則至少會軟化情緒障礙，當內心越是謙卑，情緒障礙越弱，理智的鋤頭就有機會剷入土裡，挖掘執著觀念中的不合理成分，破除執著。這個學習過程，並不是知識的學習，而是謙卑的修行，無法僅僅透過閱讀獲得，必須起而行的實踐。

　　第二是靠意志與思辨，直接從知的層面碾壓執著。這條路線則比較像是哲學的方法。我個人走的是第二條路線，但這條路必須先有較強的意志與良好的邏輯基礎才走得通。這種運用意志與理性碾壓情緒的能力一般稱之為逆向思考。其思考型態正如其名，如逆水行舟。行舟的方向是理性推理，水流的方向則是情緒感受。要讓理智思考不受個人情感的干擾走自己的路，是一項很不容易做到的思考能力訓練。但這是哲學家必備的能力之一。

　　要感受這種思考的難度，就先找一個自己非常肯定，但社會上卻有許多人反對的主張。例如，以政治傾向來說，無論自己支持哪一個主要政黨，都一定有很多人反對那個政黨。以政

治人物來說也是一樣。如果對政治較無感，那就思考社會議題，無論是死刑、墮胎、同性婚姻、通姦罪，都是社會爭議話題。找到一個自己很肯定、而且在情緒上對反方觀點非常反感的議題，然後試著思考反方觀點的合理性，最後必須達成「發現自己可能是錯的」的終點。如果過去沒試過這種思考方式，只要現在試試看，就會發現這真的很難。

從理性角度來說，這應該是很簡單的。因為，這些爭議話題事實上都沒有標準答案，也就是說，要找出一個最佳結論或許很難，但若只是要得出任何一方有可能正確，以及任何一方有可能錯誤，都是容易辦到的。這就像很多人抱持著和自己相反的觀點，而且這些人裡面不乏專業人士，既然他們可以這麼認為，照理說你也可以這麼認為。然而，我們之所以堅持己見，其中一個很大的因素只是因為我們習慣、以及喜歡這麼想而已。

然而，我們所堅持的其實沒有充分的理由支持，否則就不會成為社會爭議問題了。用佛學來說它們都具有空性，但由於我們看不見其中的空性而執著認為這些一定正確。在難以破除這種執著的情況下，如果有非常強大的邏輯理性能力，便能夠在小心翼翼不犯謬誤的情況下進行逆向反思，找出問題所在，解除執著。

這種破除執著的思考在進行時，會一直不斷被情緒干擾，這時需要強大意志的協助，排除干擾，讓思考可以冷靜前進。而

這種破除執著的方法，實際上也是一種修行，屬於理性能力與意志強度的修行。需要在生活中不斷提升邏輯能力以及意志強度，才能順利逆水行舟。

深度思考有助於破除執著

深度思考能力也是破除執著不可或缺的思考力。逆向思考主要功用在於克服情緒障礙。但執著並非只是情緒問題，還包含著是否可以看見事物的空性。思考能深入到事物的根部，才能升起真正的智慧，甚至還能引發慈悲心。

舉例來說，如果有一天，你在山區悠閒地開著車，看見前方一輛很破舊的小貨車正吃力緩慢爬行，還不斷排出污染空氣的惡臭黑煙。不但破壞你遊玩的興致、害你吸入惡臭有害健康的廢氣，還造成空氣污染，危害地球生態。這一切都被你的行車記錄器記錄下來。那麼，要不要檢舉他呢？

這輛小貨車明顯違法，違法不就應該檢舉使其遵守法律？這輛車還不斷污染山間清新的空氣，檢舉可以讓污染不再持續，這不是很好嗎？這想法當然沒錯，但這只是依據簡單價值觀所形成的膚淺推理。如果運用逆向思考先排除個人負面情緒，再進行深度思考看見更多眼睛看不見的事物，或許想法會很不一樣。

例如，為什麼駕駛還開著這麼破舊的小貨車而不換車呢？

最有可能的答案應該是這位司機其實經濟狀況並不好,但不好到什麼程度呢?這很難猜測,但有可能壞到他連罰單都付不起的程度。另外,駕駛不知道排出黑煙會污染空氣嗎?有可能他沒察覺,但更有可能是知道但不想處理,甚至無力處理。當我們想到這裡,就有可能在憤怒的心情中,出現一點慈悲心。在這種情況下,就傾向於了解更多後才行動。

思考越有深度,看見的可能性越多,就不容易只是依據簡單價值觀就做出膚淺判斷。而且當思考可以深入到某種程度,就能看見各種觀念都有不適當的遵循時機。在不同的處境中、依據不同的因緣聚合,就容易產生不同的效應。於是踏上尋找如何依據不同處境做出不同判斷的生活。任何處境,都存在有一條最適當的解決之道,在儒學裡稱之為「中庸之道」,在佛學理則稱之為「中道」。在任一時刻裡,不單純依循特定法則處事,而尋找那一時刻的最適當途徑,就等於踏上依循中道的智慧修行。終點站,或許就像孔子所說的「從心所欲,不逾矩」的境界。

⑫ 念佛的修行

　　佛學裡最簡單的修行方法，就是念佛。據說只要經常性地反覆念誦「南無阿彌陀佛」，就可以成佛。即使在現世沒修成正果，也能在死後接引到西方極樂世界繼續修行。甚至如果平常不努力，臨死之前趕快臨時抱佛腳，趕工念誦「南無阿彌陀佛」，也還是可以被接往西方極樂。除此之外，佛經裡也記載著各式各樣的佛號與咒語，只要反覆念誦幾千萬遍，就可以產生不可思議的功效，甚至達到完全離苦得樂的成果。

　　感覺上這方法只需要時間與耐心，如果真是如此，大概是最簡單的修行了。所以，依我觀察，採用這種修行方法的佛教徒最多。這是屬於淨土宗的修行法門。但從哲學懷疑精神的角度來看，我不禁想問，這種修行方法真的有效嗎？

　　由於這是依據佛經記載，所以，只要相信佛經，就是有效了。這屬於宗教態度，把佛學單純當作宗教在信仰。當然，這也沒什麼不對，只要自己覺得沒問題，感覺上對離苦得樂也確實有

幫助，就是一件好事。

　　然而，如果目標不只是短暫的功效，而是有更高的期待，例如真想前往西方極樂，或是真想追求徹底的解脫，那還是需要好好思考一下才好。尤其像是達賴喇嘛和一行禪師也都說過，學習佛學，還是需要透過懷疑和思考。因為，其實很難保證所有經典真的都是依照佛陀親口傳授的原意被流傳下來、以及被翻譯出來。那麼，我們還是來思考一下其合理性。

從念佛到被接引西方的背後因素是什麼？

　　以接引西方來說。西方極樂世界是眾多佛國淨土中的一個，其他還有東方琉璃世界、南方歡喜世界、北方蓮花世界，以及中央的華藏世界等等，都各有其修行前往的法門。有些人把這些淨土想像成高度文明發展的外星球，或是另一種特別的平行世界。那些地方無限美好，沒有痛苦，沒有阻礙，可以專心修行。但每個人想像不同，美好的標準也不同，總是有對的、也有錯的部分。想要了解，還得對照經典以及仔細思考才行。

　　依據《阿彌陀經》記載，西方極樂世界的創始人兼負責人是阿彌陀佛。由於這片淨土很適合地球人修行，而且入關的門檻很低，只要有意願，都很歡迎。所以，只要相信並表達出意願，不斷念誦「南無阿彌陀佛」，訊息被接收了，就會被接引到那邊

去。即使在臨死之前才開始念，但念得很投入，眞心誠意想過去，死後還是會被接引。

　　那麼，針對這個說法，我們可以從哲學分析角度想一個問題，如果一點也不知道去西方極樂世界要做什麼、甚至也不知道西方極樂世界是怎樣的一個世界，但只是因爲死前很怕下地獄，或只是因爲死前很恐懼只想要讓自己心安一點，甚至很愛賭博的賭徒誤以爲到了西方淨土可以天天豪賭，在這種心態下，即使很認眞念佛，這樣有用嗎？我猜想，如果以「表達前往西方極樂的意願」爲門票的話，這樣的作爲應該是拿不到門票的。因爲如果自己想像中的西方極樂世界和眞實狀態完全不同時，就不算表達出前往西方極樂世界的意願。

　　舉個例子來說，如果某家公司錄取門檻很低，只要認同並且願意努力就會錄取。那麼，假設某個人在面試工作時稱讚公司很多優點，講了一大堆，但實際上這間公司根本不是這樣，這樣可以算是認同這家公司而會被錄取嗎？或對這間公司其實一無所知，還說很想來這間公司上班，只是嘴上認同，會被認可嗎？或如果對這間公司眞的很了解，但心態上其實只想要來鬼混賺錢而不是想來認眞工作，會被錄取嗎？這些都很令人感到疑惑。所以，爲了保險起見，在念誦佛號的同時，至少也要對西方極樂世界有點了解，才能讓接引者感受到眞正想要前往的意願。

念佛可以讓心轉變

另一種鼓勵念誦佛號的理由是主張佛號具有改變心靈的力量。平時只要不斷念佛，就是一種改變內心、改變生命的修行方法。這時就容易成就出適合前往西方極樂世界的內心狀態，而得到前往的門票。但如果我們主張必須改變內心世界後才能前往西方極樂，那臨死前念誦佛號應該是沒什麼用的，因為人心的改造很難在這麼短時間內速成。所以，如果相信死前念佛也可以前往西方，那要有不同的被接受的理由才行。

然而，另一個值得思考的問題在於，為什麼念誦佛號可以改變內心呢？「聲音本身就有力量」以及「文字本身就有力量」的說法其實很難讓人感到有說服力。文字與聲音會隨著不同的語言與方言而改變，也會跟著時代而改變，但無論如何改變都有力量，這不是一件很怪的事情嗎？雖然臺大前校長李嗣岑教授做了一些研究，找到一些證據支持有此一功效。但這研究成果仍舊很有爭議性。雖然不應輕言否定，但還值得再深究。

觀想讓心轉變

或許，我們也可以猜想，有力量的不是聲音或文字本身，而是這個聲音和文字背後代表的意義。以「南無阿彌陀佛」來

說，它象徵著無量光與無量壽的慈悲心與佛法智慧。所以，當我們念誦佛號的同時，內心便呈現出這樣的想像。於是，當我們經常不斷念誦的同時，內心不斷呈現這樣的心境。就像心理學上的刺激與反應學習歷程，把這個聲音以及這個念佛的舉動，和那個心境緊密結合。只要一念佛，就容易進入那樣的心境。

針對這個效用，桃園龍潭來恩佛寺住持蓮靚法師以其自身修行的經驗解釋說，這就是「**是心作佛，是心是佛**」的念佛功效。念佛的時候，心裡想著佛，當心經常充滿著佛的意象，久而久之，就容易感覺自己其實就是佛。遇到煩惱時，例如遇到討厭的人，便容易依循佛的態度處事，無論是以慈悲心面對，或是設法跳脫無明，都較能有所成效。因為當我們想像自己是佛時，便容易喚醒內在佛心，協助我們跨越情緒的障礙。念佛的修行就是不斷在這種「心裡是佛」以及「處事像佛」的情境中成長，最後自然也就真的越來越像是真的佛了。

從這個修行功效來說，這就比較能合理解釋為什麼持念佛號可以用來改變內心。當我們訓練出這樣的心智力量，在遇到任何重大煩惱與困局時，只要返回內心持念「南無阿彌陀佛」，就可以用這個心念，化解慌亂的情緒，這自然造成了一股離苦得樂的功效。

針對這種修行方法的功效，最令我印象深刻的是瑞芳東林寺的住持禪定法師。由於他是本校東方人文思想研究所的研究

生，常會碰面。每次看到他，總是笑口常開，好像沒有任何煩惱一般。更令我驚訝的，是後來我發現有一位在別系就讀、總是不跟人說話的自閉症學生，經常跟他一起聊天，無所不談。這位學生曾經修了我幾門課，他有「選擇性緘默」的症狀，平時幾乎只願意跟輔導老師說話，但也很不容易溝通。記得有一次他來找我，像是有事要說，卻一直不說話，於是我請輔導老師來幫忙，但輔導老師來了也沒用。最後，輔導老師帶他回輔導室慢慢問，花了兩個小時，才終於了解他只是想跟我說，上個星期他有到課卻被誤記為曠課。

我問禪定法師是如何跟他溝通的。禪定法師卻說，「沒什麼技巧啊！就自然溝通。」再仔細詢問後，我猜想，除了態度之外，內心的開放程度應該是主要關鍵。雖然我自認內心夠開放，但這種開放可能只是口頭上的，雖然我不會輕易否定他人想法，但內心可能常常對某些觀念頗不以為然，雖沒說出，但卻呈現於表情中。而法師可能把這種豁達完全內化於心，裡裡外外，無不讓人感到輕鬆自在。而他的修行方法，也就只是觀想念佛而已。

觀想無量壽、無量光

雖然這種修行法門的成果不錯，但這種修行其實沒想像中容易，因為觀想佛到底該想什麼呢？一張佛的圖片嗎？我認為這

樣應該是沒有什麼效果的。若要利用想像力與佛貼近,應該至少也要想像佛的心境或至少是佛的世界,而不是只是表象。但我們大概很難一開始就觀想身處西方極樂的心境或是阿彌陀佛的智慧。既然不懂,要如何想像呢?

依據《觀無量壽佛經》的記載,觀想有十六種,可以從日月光明開始觀想,逐步深入內心層面,去感受更有深度的光的世界,像是如水般澄淨、滋養萬物的光、極樂世界功德的善光、菩薩發出的普度金光、以及不同境界佛的智慧之光。藉由這些觀想洗滌身心,進而讓心貼近阿彌陀佛的無量光與無量壽境界。只要內心能與阿彌陀佛相呼應,就能體會西方極樂的佛的智慧與其創生的世界。這種修行方法,雖然表面只是念佛,但一樣是改變內心的修行。

所以,從這個角度來思考,佛經裡所謂只要念誦佛號幾千萬遍便有何種功效時,不適合解讀成只要像念佛機一樣不斷念誦即可,至少也要打開內心去觀想、了解、或融入其象徵意義,否則念佛機將比每個人還要更早獲得解脫。

藉由他力獲得解脫

經典裡有一種說法是可以藉助他力獲得解脫,只要經常念誦佛號,就可以讓阿彌陀佛改變我們。這種說法可以讓很多缺

乏自信、不敢奢求自己有能力修成正果的人有了希望。這方法最接近基督教的修行。基督徒需要藉由耶穌的血洗清自己的罪：以及藉由天主的恩慈獲得重生。

然而，從哲學懷疑精神的角度來看，這種修行方式感覺不太合理，就像自己不努力卻只知道求神拜佛就想要學業進步、事業成功的人一般，到頭來只會一場空。但有趣的是，有些實修者卻認為這個方法確實有效。如果親身實踐後發現有效就是有效，任何不合理都只顯示我們還看不到其合理之處而已。那麼，合理處在哪呢？

我猜想，玄妙之處在於，「究竟是否真的可以藉助他力修行？」這個問題從實修面來說可能沒這麼重要，因為當人念誦佛號並且期待阿彌陀佛來改變自己的同時，其實就已經在觀想了。「想像阿彌陀佛來改變自己」或是「想像阿彌陀佛給自己克服困難的力量」，其實都是觀想，而且這種觀想，也都能成為改變的力量，無論力量究竟來自於佛還是自己。

每一個想像、佛號，都有其相對應的觀想心境，只要讓這樣的想像，不斷充滿在內心深處，就能改變內心世界而獲得修行成果。我想，這是以念誦佛號修行的一個比較合理的解釋。

不觀想的念佛修行

　　有一天，有機會向臺北印弘精舍的住持善想法師請益，他告訴我淨土宗念佛的修行方法除了觀想之外，事實上也確實有不觀想的方法，而且他的修行方法就是屬於這種不觀想的「持名念佛」修行法。

　　我聽了嚇一跳，心裡想著，不是只有一般信徒才會用這種修行方法嗎？所以很好奇想深入了解其方法及其親身體驗。他說，「方法其實很簡單，心裡想著『南無阿彌陀佛』，而後嘴裡念出這幾個字，再用耳朵仔細聆聽。不斷重複。就這樣。」

　　「那麼，這麼做有什麼功效呢？」我不禁好奇想問。

　　他毫不遲疑地回答，「功效就是感覺很踏實，心不受干擾，而且覺得自己走在正確的學佛路上。」

　　依據這樣的實修經驗，我猜想，成效的重點可能在於長時間持續性的專注力。而且由於念佛是一個相對單純簡單的舉動，所以時時刻刻都可以進行，比較不容易引起厭煩的感覺而容易持續。持續久了，心也隨之壯大、堅定，意義感也隨之出現，沿著這種感覺，就容易感受到生命的踏實，覺得自己走在正確的路上。

　　相對於研究各種佛理間的辯證來說，這確實是一種比較簡單的方法，但也有其困難之處，需要較強的耐性。我猜想善想法

師大概是一個非常有耐性的人，所以他找到了這個適合他的淨土宗修行法門。反過來說，這大概是最不適合我的修行方式了。但適不適合與好或不好其實也很難說，說不定這種看似最不適合的方法，才最能對症下藥，搞不好才是最好、最有成效的方法。或許，哪一天也來嘗試看看吧。

最後，慧通法師補充說，在佛學經典裡，念佛修行的方法除了觀想和持名之外，其實也還有「觀相念佛」與「實像念佛」兩種。但仔細想想，這兩種的作用應該都與觀想類似，就不詳細討論了。

（十三）外王的修行

最後，來談一個特別的修行方法。這個修行方法究竟可不可以算是佛學的修行其實很難說。至少，在大乘佛教與小乘佛教的區別下，這大概只能算是大乘佛教的修行。

佛教始源於印度，在印度沒有大乘與小乘的區分。當佛教傳到中國之後，很可能因為受到儒學的影響而產生大乘佛學思想。儒學強調內聖外王。內聖就是要改造自己的內在德性，轉化成為像聖人一般從心所欲不逾矩的境界。用宋明理學家王陽明的話來說，就是讓內在良知完全彰顯，並且知行合一，所作所為，都發自良知。然而，這並不是儒學修行的終點。儒學強調內聖之後，必須外王，也就是去改造社會、造福人群。

佛教徒也需要以造福人群為目標嗎？

佛學在其原始教義裡，主要是以離苦得樂為目的，修行成

佛，成為覺者，脫離苦海。雖然也強調度人的慈悲心，但沒有要求成佛前必須去改造社會，造福人群。所以，當佛學傳到中國，或許有人覺得這種格局太小，於是主張成佛之前應該要造福人群。所以特別重視「地獄不空，誓不成佛」的菩薩理念。於是自詡為「大乘佛學」，感覺是格局比較大的佛學思想。但是，這個觀點是否背離了離苦得樂的佛學原意呢？菩薩為何要度完眾生才能成佛？如果能夠成佛，何不先成佛再來度眾生？釋迦牟尼佛不是成佛後也一樣度眾生嗎？我覺得這是值得思考的問題。

當然，或許從實踐哲學的角度來說，這是一個不重要的問題。因為，等自己達到菩薩境界時，或許答案就自然解開了，如果還是沒解開，那到時再來想這個問題也不遲。

目前值得我們思考的問題在於，學習這種菩薩精神去做大事，對修行是否有幫助？若有，是哪一種幫助？先了解，或許能更清楚修行的方向。我們可以先從當今各種嘉惠世人的行動來思考。

打破人我區隔，度人即是度己

以我目前任教的華梵大學來說，創辦人曉雲法師之所以要創辦這所學校，目的在於實現所謂的「覺之教育」理念。這大概是所有其他大學不感興趣的理念。多數大學的目標在於培養優秀

人才，對於品德等內在大多沒有什麼特別的想法。所以，當今世界可以看見許多具有高學歷卻濫用職權的高官以及黑心企業家，拖累社會文明的進步。

當人手上有一把槍，可以用來製造混亂，也可以用來維持秩序。究竟如何使用，端看這個人的內在狀態。大學校園裡傳授的各種知識就像這把槍所擁有的力量，在賦予力量同時，也應培養正向的內在。而這樣的培養方式，從儒學角度來說，就是大家耳熟能詳的「品德教育」。從佛學角度來說，便是「覺之教育」。

「覺」是覺醒的意思。從認識自我開始，讓人們看見貪嗔痴造成的無明假象，不再陷溺於追求這些私欲之中，便能成為一股社會正向的力量。依據這個理念，不僅創辦人努力執行，在華梵大學裡的老師們也努力執行。這些作為，可以算是一種度眾生的行動。那麼，這樣的行動，對個人修行有什麼價值呢？

類似的例子像是星雲老和尚的佛光山事業，以及許多其他知名禪師創立類似的寺院與基金會，對佛法的普及有著貢獻。而像是證嚴法師的慈濟功德會，對全世界的弱勢族群以及正在受災難的人們伸出援手。除此之外，政治家的社會改革、思想家的理論革新、以及科學家以實際研究造福世界等等，都達成了某種貢獻社會的成就。那麼，我們可以一併思考，這些行動，從修行的角度來說，意義為何？

以我個人的經驗來說，在實踐的過程裡，會遇到各種困難，例如，在努力幫助他人的同時別人並不領情、甚至還可能受到誤解而遭受白眼。遇到這種情況，除了檢討改進自己之外，更重要的一件事，就是必須先把個人利益放在一邊，專注在想要達成的目標上。如果不這麼做，大概就很難持續下去了。當我們開始轉念這麼做的時候，便開始脫離那個始終被自己看得最重要的自我。在這種情境下，對於把自己從執著中拉出來的力量相當大，遠比從思維角度去參透我執還要來得更有力道。或許這是一種最直接的破除我執的修行方式。

　　從這個角度來說，把自己拉出來後，其實就是破除了我執，在破除了我執之後，其實對他人的善，也同時就是對那個具有空性的我的善，兩者無法分別。所以，所謂的大乘佛學，其實也是一種修行成佛的法門，在破除我執的世界裡，大乘與小乘其實是沒有分別的。所以，如果從這角度來理解，度盡眾生的發心與實踐，其實本身就是一種修行方法。

尾聲絮語

　　在此書的最後，我想提醒一點。學習佛學其實最重要的就是要去做，藉著修行改變自己，參悟文字背後的智慧。理論的討論與分析，主要在於避免走錯了路，更清楚掌握方向，如果不在修行路上往前走，那是沒有意義的。所以，我想在這裡摘錄偶然在圖書館看見的一本舊書裡，無意間翻到的一段話，這段話讓人見了欣喜。這是倓虛大師所著的《影塵回憶錄》的結尾。恭錄如下：

　　真修行人只注重修行，並沒有插嘴的地方，若有所說，全是假的。現在把話說過去，就算完了，大家要好好持戒！用功！辦道修行；不要在這些語言文字上，作愛憎取捨，計較分別。說食數寶，是無濟於事的，說一丈不如行一寸，無論歡喜那一法，必須去實行才可以。

　　法塵緣影本一心，
　　誰將玄元作主賓，
　　大地拈來無不是，
　　滄桑轉變一色新。

哲學家的學佛筆記【暢銷新版】
──關於「離苦得樂」的思索與修行

作　　　者	冀劍制
裝幀設計	黃昀嘉
行銷企劃	黃羿潔
業務發行	王綬晨、邱紹溢、劉文雅
編輯企劃	劉文雅
資深主編	曾曉玲
特約總編輯	趙啟麟
發 行 人	蘇拾平

出　　版　　啟動文化
　　　　　　Email：onbooks@andbooks.com.tw

發　　行　　大雁出版基地
　　　　　　新北市新店區北新路三段 207-3 號 5 樓
　　　　　　電話：（02）8913-1005　傳真：（02）8913-1056
　　　　　　Email：andbooks@andbooks.com.tw
　　　　　　劃撥帳號：19983379
　　　　　　戶名：大雁文化事業股份有限公司

二版一刷　　2023 年 11 月
定　　價　　450 元
I S B N　　978-986-493-154-5
E I S B N　　978-986-493-156-9（EPUB）

版權所有・翻印必究
ALLRIGHTSRESERVED
缺頁或破損請寄回更換
歡迎光臨大雁出版基地官網
www.andbooks.com.tw

國家圖書館出版品預行編目 (CIP) 資料

哲學家的學佛筆記：關於「離苦得樂」的思索與
修行 / 冀劍制著 . -- 二版 . -- 臺北市 : 啟動文化出版
: 大雁文化事業股份有限公司發行 , 2023.11
　面；　公分
ISBN 978-986-493-154-5(平裝)

1. 佛教哲學　2. 佛教修持

220.11　　　　　　　　　　　　112015903